PETITE BIBLIOTHÈQUE ÉCON
FRANÇAISE ET ÉTRANGÈRE

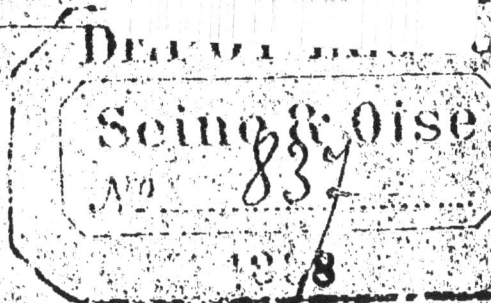
SULLY

ÉCONOMIES ROYALES

PARIS. — GUILLAUMIN & Cⁱᵉ, 14, rue Richelieu

SULLY

1858-88. -- CORBEIL. Imprimerie CRÉTÉ.

Maximilien de Bethune
Duç de Sully.

JOSEPH CHAILLEY

SULLY

ÉCONOMIES ROYALES

—

PARIS. — GUILLAUMIN et Cⁱᵉ, 14, rue Richelieu.

INTRODUCTION

I

Maximilien de Béthune, baron de Rosny, plus tard marquis et duc de Sully, naquit le 13 décembre 1560. La famille de Béthune était illustre et puissante. Mais le père de Sully, qui appartenait à la branche cadette, de la religion réformée, ne possédait qu'une fortune médiocre et vivait retiré dans le modeste château de Rosny, près de Mantes. Il avait quatre enfants, dont Maximilien était le second. La coutume attribuait alors à l'aîné la plus grosse part de l'héritage paternel, et le patrimoine de M. de Rosny n'était pas de ceux dont les reliefs pussent permettre à un gentilhomme de soutenir dans l'inaction son rang avec dignité. Aussi, de bonne heure préoccupé de l'établissement de ses enfants, songea-t-il à attacher son second fils à Henri de Bourbon, prince de Navarre, protecteur attitré des huguenots et particulièrement bienveillant pour la famille de Rosny. Au début de l'année 1572, il l'emmena avec lui à Vendôme et le présenta au fils de Jeanne d'Albret. Maximilien avait un peu plus de onze ans. Nature entière, il savait déjà être souple à l'occasion, et, quand il le fallait, séduisant. Depuis son enfance, il honorait le prince de Navarre. Son père lui avait prédit qu'il serait un jour « quelque chose », et son précepteur, un drôle de corps, nommé La Brosse, tant soit peu chiromancien et qui se mêlait de faire des « nativités », lui avait maintes fois assuré que ce Bourbon deviendrait roi de France et ferait de lui l'un des grands de son royaume. Pour tous ces motifs, moitié amour-propre et moitié foi en ces prédictions (car nous savons qu'elles firent sur lui une impression durable), il s'efforça de plaire, et il y réussit. A genoux devant son futur maître, il lui jura obéissance et fidélité, en des termes si choisis et dans une si noble attitude, que celui qui devait un jour s'appeler Henri IV, et qui déjà se connaissait en caractères, touché de sa bonne grâce et de son accent loyal, le releva, et, l'embrassant, lui promit protection et affection. C'était pour Sully l'origine d'une éclatante fortune, et pour tous deux le début d'une amitié qui, chaque année plus intime, souvent menacée et toujours inaltérable, ne devait finir qu'avec la vie.

Henri de Bourbon s'en allait alors à Paris épouser Marguerite de Valois, la sœur de Charles IX. Mais le mariage d'un prince huguenot avec une princesse catholique n'impliquait pas forcément

l'apaisement des querelles religieuses. M. de
Rosny le père, étant à Vendôme, disait à son
fils que « si ces noces se faisaient à Paris, les
livrées en seraient bien vermeilles » ; et, en effet,
les cérémonies étaient à peine terminées qu'écla-
tait la sanglante tragédie de la Saint-Barthélemy.
Le prince s'en tira comme on sait. Quant à Sully,
« Réduit moi seul dans ma chambre, dit-il, et
mon hôte, qui était de la religion, me pressant
d'aller avec lui à la messe, afin de garantir sa
vie et sa maison de saccagement, je me résolus
d'essayer à me sauver dans le collège de Bourgogne. Pour ce faire, je pris ma robe d'écolier,
un livre sous mon bras et me mis en chemin.
Par les rues, je rencontrai trois corps de garde,
l'un à celle de Saint-Jacques, un autre à celle de
la Harpe, et l'autre à l'issue du cloître Saint-
Benoît. Au premier, ayant été arrêté et rudoyé
par ceux de la garde, un d'entre eux prenant
mon livre, et voyant que (de bonheur pour moi)
c'était de grosses heures, me fit passer ; ce qui
me servit de passeport aux autres. » Le trait est
significatif. Sully enfant nous révèle Sully homme
fait. En 1606, le roi lui offrira l'épée de connétable,
à condition qu'il abjure, et il refusera. Mais nous
le verrons en Flandres, dans quelques années,
près d'une vieille tante qui l'avait deshérité à
cause de sa religion, s'efforcer, pour recouvrer
l'héritage, de prouver par signes de croix et orai-
sons à la Vierge, que protestantisme et catholi-
cisme ne sont pas si différents qu'elle pense. Sa

conscience, qui lui interdit de changer de religion, ne lui commande pas de confesser sa foi au mépris de sa bourse, encore moins au péril de sa vie. Sa vertu, pour ferme qu'elle soit, n'est pas si héroïque, et c'est ainsi que, protestant déterminé, il lui advient (de bonheur pour lui) de choisir par hasard un livre d'heures qui lui servira de sauf-conduit parmi les catholiques.

Ce séjour à Paris, dans la contrainte, presque dans la captivité, parmi les surveillants et les espions, dura trois ans. En février 1576, Henri put s'échapper. Il se rendit à Alençon, puis à Tours. Et dès lors commença une vie d'aventures qui ne cessa complètement qu'en 1594. Sully avait accompagné son maître. Ce n'était plus un enfant. Vigoureux et habile aux exercices du corps, il était de toutes les expéditions. Il était à Fleurans et à Cahors, il était à Coutras. Mais, consciencieux et méthodique en tout, il avait voulu débuter par servir dans l'infanterie, comme simple soldat, « pour apprendre le métier des armes dès ses commencements. » Brave du reste jusqu'à la témérité. Henri, qui avait démêlé son mérite et l'aimait pour les services qu'il en espérait en attendant qu'il l'aimât pour lui-même, l'en sermonnait doucement. « Monsieur de Béthune, lui disait-il un jour dans une escarmouche, allez à votre cousin le baron de Rosny ; il est étourdi comme un hanneton ; retirez-le de là et les autres aussi. » Ces gronderies amicales et flatteuses, venant d'un homme qui toute sa vie, même après Ivry, même reconnu roi, continua de faire le « cheval-léger », n'étaient pas, on le comprend, pour calmer une ardeur, que l'âge même ne devait pas éteindre. Devenu surintendant des finances et grand maître de l'artillerie, Sully, au siège de Montmeillan, s'exposait encore comme un « fol et simple soldat » (1).

Sa carrière se dessinait bien. A seize ans, il était enseigne. Mais bientôt il abandonnait cette position subalterne et suivait désormais le roi en gentilhomme ayant à soi ses gens et son équipage. Il n'avait encore que dix-huit ans, et avec le mince patrimoine qu'on lui savait, ce n'était point banal. Aussi son maître, à qui une humeur quelque peu prodigue et de constants besoins d'argent faisaient davantage apprécier le mérite des gens ménagers et prévoyants, le distinguait, et avant même qu'il eût vingt ans, lui donnait entrée au conseil.

A ce moment commence une période de quinze à dix-huit années, pendant laquelle Sully est extraordinairement intéressant à étudier. Caractère complexe d'ailleurs et qu'on ne peut ni peindre d'un trait ni définir d'un mot. Ce qui domine en lui, c'est un imperturbable bon sens, une raison équilibrée à miracle, et, avec une vaste ambition, le sens divinatoire de ce qui peut le mieux la servir. N'en attendez ni élans chevaleresques ni

(1) Lettre de Henri IV, *Économies royales*, XVI, 340. Voir à la *Bibliographie* la signification des chiffres de renvoi.

exagération de beaux sentiments; ne lui demandez ni désintéressement généreux, ni noble
enthousiasme, ni morale éthérée. Il ne manque
certainement pas de grandeur d'âme, et il y
puisera plus tard, quand il ne lui restera plus
rien à ambitionner, cet ardent amour de son
maître et ce patriotisme profond qui sont l'honneur de sa vie. Mais, dans la phase qu'il traverse,
elle n'est pas le démon familier qui l'inspire.
Il va où son intérêt le guide. C'est cet intérêt
qui règle toute sa conduite, qui le pousse ou le
ramène dans la bonne voie, qui l'encourage dans
ses entreprises, enfin qui lui révèle les innovations utiles, les préjugés embarrassants, et jusqu'à
la cause qu'il convient de servir. Tout cela n'est
pas d'une nature supérieure. Seulement, comme
avec toute cette ambition le caractère de l'homme
est droit et probe, comme son but est un des
plus glorieux auxquels on puisse prétendre,
comme pour l'emporter sur tant de rivaux de
mérite et près d'un tel prince, il lui faut des
titres exceptionnels, il a conscience que, dans
cette lutte, la vertu, le travail, l'étude, la droi-
ture, la sincérité, seront des forces aussi puissantes que la richesse et plus efficaces que l'intrigue; et, tout en gardant de son temps les travers qui ne contrarieront point son entreprise,
il tire de son naïf égoïsme tantôt les résistances
les plus louables, tantôt les plus honorables ré-
solutions.

Homme de guerre par tempérament, jusqu'à

n'estimer que la noblesse d'épée et n'avoir que
du mépris pour la robe et la finance, il fait la
guerre comme ses contemporains, rudement et
durement. Henri, lui, l'humanise et l'ennoblit. Il
respecte les places conquises; il interdit le pillage
à Saint-Maixent; à Fontenay, en Poitou, il traite
ceux de la ville « tout aussi bien que si elle n'eût
point été prise par siège ». Sully admire ces
mœurs nouvelles, il les consigne dans ses mémoires à la gloire de son maître: il ne les imite
point. A Cahors, il s'empare, comme butin, de
4,000 écus d'or; à Paris, dans une première ten-
tative du côté du faubourg Saint-Germain, il tue
comme un forcené et pille comme un soudard.
« Vous nous dîtes lors, écrivent les rédacteurs
des *Économies royales*, je suis las de frapper et
ne saurais plus tuer des gens qui ne se défendent
point... Lors l'on commença à piller; vous et
huit ou dix des vôtres ne fîtes qu'entrer et sortir
dans six ou sept maisons où chacun gagna, et y
eûtes par hasard quelque 2 ou 3,000 écus pour
votre part. »

Ce sont les habitudes du temps. Mais Sully sait
n'en garder que ce qu'il faut. Le pillage, source
de profit, a du bon; mais le futur homme d'État
doit dépouiller la rudesse et l'étroitesse d'esprit
du cavalier. Aussi nous le voyons, dès ses jeunes
années, avide de science et jaloux de belles ma-
nières. « En quelque condition que vous fussiez,
disent les secrétaires, vous preniez le temps d
continuer vos études et surtout de l'histoire et

des mathématiques. » Le latin aussi lui devint
familier, et plus tard il se montrait juge délicat
dans le choix des ingénieuses devises composées,
à sa demande, par les lettrés pour les jetons d'or
qu'à chaque nouvel an il offrait au roi en guise
d'étrennes. Entre temps, il apprenait le métier
de courtisan. Il fréquentait les dames de la cour
de Navarre, s'humanisant auprès d'elles, se pliant
aux façons polies, aux devis courtois et au doux
langage. Il étudiait la danse, dont il fut toujours
passionné ; et Catherine de Bourbon, sœur de
Henri, était son premier maître. En 1576, à Pau,
elle lui enseignait les pas du ballet. « Et de fait,
disent encore ses historiographes, huit jours après
vous les dansâtes devant le roi. » En 1578, à
Auch où se tient la cour, Rosny « n'oyant plus
parler d'armes, mais seulement de dames et
d'amour », devient tout à fait courtisan. Même
vie, l'année suivante, à Nérac. « La cour fut un
temps fort douce et plaisante ; car on n'y par-
lait que d'amour et de plaisirs et passe-temps
qui en dépendent, auxquels vous en participiez
autant que vous pouviez, ayant une maîtresse
comme les autres. »

L'étude et le commerce du monde, qui enrichissent et assouplissent l'esprit, ne sont, surtout
dans ce siècle-là, que des instruments de fortune
auxiliaires. Le grand levier, l'engin de domination par excellence, c'est la richesse, et avec
elle la faveur du prince. C'est elles surtout que
Sully s'attache à conquérir.

Il était naturellement économe et en même temps d'une singulière dextérité à manier et à augmenter son patrimoine. Nous avons vu son train de maison, à dix-huit ans. Pour y suffire, il avait, durant trois années, épargné son revenu, et s'était retranché à vivre de sa solde et de ses prises. Plus tard, ce train s'accroît encore. « Chacun, lui rappellent ses biographes, s'étonnait comment sans bienfaits de votre maître, ny sans vous endetter, vous pouviez avoir tant de gentilshommes à votre suitte et si honnêtes gens qu'ils étaient... et faire une si honorable dépense. Mais ils ne savaient pas de quelle industrie vous usiez, ni les grands profits que vous faisiez sur quantité de beaux courtaux que vous acheptiez si bon marché, envoyant jusques en Allemagne pour cet effet, et puis les revendiez si cher qu'ils vous payaient grande partie de votre dépense. »

Ce n'étaient là, au surplus, que des expédients. Sully souhaitait une fortune solidement assise, et songea, le temps venu, à l'acquérir par mariage. Envoyé par son maître à la cour de Henri III, il s'y éprit vivement d'une fille du président de Saint-Mesmin. Il avait vingt-trois ans. La jeune fille était fort jolie et, à ce qu'il semble, très à la mode et quelque peu coquette. Il la rechercha, et déjà elle et les siens lui « faisaient bonne chère, croyant bien qu'enfin il serait homme à épouser. » Mais il entend parler d'une personne à tous égards plus convenable, Anne de Courtenay, fille de feu M. de Bontin, de beauté

plus modeste, d'extraction plus illustre et mieux
pourvue en biens. Il se rappelle à propos que
« celui qui veut acquérir de la gloire et de
l'honneur, doit tâcher à dominer ses plaisirs et
ne souffrir jamais qu'ils le dominent ». Cette ré-
flexion opportune l'arrête ; il suspend sa cour,
et, sans se dégager formellement, se tourne vers
mademoiselle de Bontin. Sur ces entrefaites, il lui
advint un jour de se trouver dans une passe dé-
licate. A Nogent-sur-Marne, il loge en une hô-
tellerie où précisément étaient déjà ses deux
maîtresses. Qui saluer la première? Il restait là
incertain et hésitant. Survient, au milieu de ses
perplexités, une jeune sœur de mademoiselle de
Saint-Mesmin, qui l'embrasse, et « comme c'était
un petit bec bien affilé », lui dit : « Comment,
Monsieur, l'on nous a dit qu'il y a plus de demi-
heure que vous estes arrivé en ce logis, et vous
n'estes point encore venu voir ma sœur ? vrayment,
elle parlera bien à vous, car on lui a dit que vous
aviez une autre maîtresse. » Sully, « grandement
surpris », l'allait suivre. Un ami l'arrête; il s'excuse;
va à mademoiselle de Bontin, se vante auprès
d'elle de cette frasque, et peu après l'épouse (1584).
Cette union avec une femme simple et char-
mante, dont après cinq ans de mariage il pleura
vivement la mort prématurée, lui donnait un
gros patrimoine et une situation considérable.

Quelques années auparavant (1581), le duc
d'Alençon, élu prince du Pays-Bas, l'avait, en
même temps que d'autres serviteurs du roi de

Navarre, sollicité de le suivre. Sully avait des attaches en Flandre. Sa famille en était originaire. On lui promettait de l'y faire rentrer dans certains biens dont son père avait été, comme huguenot, deshérité. Une tante à lui, dont j'ai déjà parlé, y possédait encore une grande fortune, et il espérait la disposer à lui en donner une partie. Il répondit à l'appel du duc d'Alençon. En l'apprenant, le roi de Navarre essaya de l'en détourner. « Vous vous ferez, lui dit-il, si vous y allez, Flamand et catholique, et quitterez votre Dieu et votre roi. » Le reproche était grave. C'était d'apostasie et de trahison qu'on l'accusait par avance. Un autre eût jeté les hauts cris, protesté de son horreur pour de tels crimes. Sully, lui, se défend à sa manière. Quitter Dieu ? vraiment il n'y songe guère. Quant au roi, comment se déciderait-il à déserter sa cause ? c'est son père qui l'a mis près de lui ; ils sont tous deux, à six ans d'intervalle, nés le jour de la Sainte-Luce, et le fameux La Brosse a prédit qu'Henri serait roi de France et lui, Sully, son premier ministre. « Partant, soyez assuré que je vous servirai à jamais de cœur, d'affection et très loyaument ; voire, vous promets que si vous avez la guerre sur les bras, je quitterai Monsieur et la Flandre pour vous servir. » Il n'attendit pas d'être rappelé. Mécontent du duc d'Alençon, déçu dans ses espérances, il rentra bientôt en France et revint près du roi : il ne devait plus le quitter.

Henri, à cette époque du moins, n'avait avec

Sully que peu de points de contact. Son cœur
était plus fier, son intelligence plus déliée, son
esprit plus souple, ses appétits moins positifs et
moins mesquins. Il n'aimait l'argent que pour
les services qu'on en tire. « Je ne sçais, écrivait-il
à un gentilhomme qui lui remettait quelques
milliers de pistoles, quand ni d'où, si jamais je
pourrai vous les rendre. Mais je vous promets
force honneur et gloire : et argent n'est pas pas-
ture pour des gentilshommes comme vous et
moi. » Le Sully de 1572 à 1596 n'était pas encore
entièrement selon le cœur du Béarnais.

Joignez à cela qu'il ne se montrait ni très docile ni très endurant, et que son zèle, qu'on
n'apprécia pleinement que plus tard, était parfois un peu indiscret. Tout jeune, il montrait
une excessive indépendance. Après la prise de
Cahors, il faillit quitter le roi. Réprimandé pour
avoir été témoin d'un duel fâcheux, il lui répli-
quait « un peu bien haut qu'il n'était ni son
sujet ni son vassal, qu'il l'était venu servir de
pure affection, et qu'il ne manquerait pas de
maître lorsqu'il en désirerait trouver. » Sur
quoi le roi répondit que « les chemins étaient
libres » ; et il allait partir, si la reine et la princesse de Navarre ne les avaient accommodés.
La même scène, pour des motifs différents, se
renouvela vingt fois. Tout y était prétexte. Sully,
dont le désintéressement n'était pas la qualité
dominante, aurait voulu, dès que la fortune
commença à sourire à Henri IV, toucher en

écus, places, gouvernements le prix de son dévouement. Après Ivry, après Paris, pendant des années, son opiniâtreté à demander n'avait de comparable que la fermeté d'Henri à lui refuser. Les faveurs allaient toutes aux ligueurs convertis ou achetés. De là, des brouilles. Sully se retirait dans ses terres et boudait. Il fallait que de guerre lasse on l'y allât quérir. D'autre fois c'est au roi personnellement qu'il s'en prenait. Il lui reprochait, en face, de ne pas faire plus de cas de ses services que de ceux des autres. Il blâmait sa conduite tout crûment, en termes qui l'offensaient. Ou encore c'étaient des soupçons qu'on savait inspirer à Henri. La confiance qu'il témoignait à Sully irritait l'envie. On lui reportait des mots un peu vifs; on dénaturait les intentions; on inventait des complots, tant et si bien, qu'en 1609, après un commerce de trente ans, le roi crut, ne fût-ce qu'un jour, à une vraie conspiration de son fidèle ministre.

Mais Henri IV, qui ne tenait ses opinions que de lui-même, connaissait tout le prix des services de Sully et ne lui gardait pas longtemps rancune. Pour sa tâche présente, au jour le jour, les hommes ne lui faisaient pas défaut; mais pour celle, plus ardue, qu'il prévoyait, Sully dans son entourage n'avait pas son égal. Il ne lui manquait pas une seule des qualités qu'en des temps aussi difficiles, un maître comme Henri pût souhaiter chez un serviteur. Téméraire, il était pour le roi d'une prudence et d'une vigilance inquiètes, et se mêlait de l'écarter des postes périlleux. Aimant la bataille et les coups d'épée, il sentait qu'un général doit s'en abstenir, et reprochait à Henri IV de faire trop longtemps le « cheval léger ». Homme d'action et soldat dans l'âme, il descendait aux plus humbles détails administratifs, et rencontrait, comme il fera à Amiens et en Savoie (1), les plus ingénieuses combinaisons pour assurer l'ordinaire, le ravitaillement ou le comfort des armées. Entiché de noblesse et détestant les robins, il savait — il le montra plus tard au conseil des notables — leur dérober ses sentiments secrets et composer avec eux. Ambitieux et vivant dans un monde que les scrupules n'arrêtaient guère, il était sûr et loyal. Enfin, chose plus rare, il excellait à trouver des ressources. Il savait les formules magiques qui tiraient l'argent des mains avides et infidèles, et les précautions adroites qui ne les laissaient sortir des coffres qu'à bon escient. Quant à son escarcelle propre, elle était toujours garnie et toujours au service du roi.

Le roi de Navarre n'avait garde de laisser inoccupé un pareil serviteur. Il l'employait aux besognes les plus variées. A la guerre d'abord, où Sully faisait rage avec son artillerie; mais surtout (comme la maison de Bourbon abondait en capitaines), dans des négociations, aussi effi-

(1) V. *Économies royales*, XVI, 331.

caces et plus difficiles. Une première fois, au lendemain de Coutras, il l'envoie négocier une alliance avec Henri III, qui demeura émerveillé du négociateur. Plus tard, après l'entrée à Paris, il le charge de détacher les principaux ligueurs : Villars, dont il obtient les clefs de Rouen, le cardinal de Bourbon, M. de Bouillon, le duc de Guise, la Trémoille, etc., avec qui il conclut des arrangements avantageux. Il n'est pas jusqu'à sa sœur, Mme Catherine, à qui il ne le députait en ambassade, pour l'amener à une alliance qu'on savait devoir contrarier ses goûts.

Il y eut là une période où Sully fut mêlé à toutes les affaires du roi et de la France. Ses aptitudes s'élargissaient et tout ensemble ses talents se précisaient. Chaque jour apportait au roi de quoi se louer de son choix. Son amitié pour lui croissait avec son estime. Peu à peu il l'acheminait aux plus hauts emplois. Sully avait longtemps fait partie du conseil. Mais le conseil du roi de France n'était plus celui du roi de Navarre. Composé des premiers du royaume, il se subdivisait en sections, dont la plus importante était celle des finances. Le roi désirait y faire entrer Sully. Mais ce n'était pas chose facile. Ambitieux, autoritaire et bourru, jaloux même des meilleurs serviteurs de son maître, Sully s'était fait beaucoup d'ennemis. Probe et exact dans ses comptes, il était redouté de tous ceux qui avaient l'habitude d'alléger dans leur bourse vide la bourse plate du roi. Aussi

quand, au début de l'an 1595, Henri le nomma
conseiller à la section des finances, Sully, tenu
à l'écart par ses collègues, qui le soupçonnaient
de les espionner ou de les desservir, finit par
refuser de signer les arrêts et se retira fièrement
chez lui. Le roi apprenant cet éclat n'insista pas.
« Il nous faut tous deux, lui dit-il, prendre patience. » Ils prennent patience en effet. Et Sully
cette fois ne boude plus. Pendant près d'un an,
il est le commissionnaire, le *chasse-avant* du roi,
qui guerroie devant la Fère et ailleurs ; il n'est
plus membre ordinaire du conseil ; mais il y
vient à l'occasion, il s'y fait entendre comme
« solliciteur pressant, comme commissaire actif. » Il arrache les sommes nécessaires au service et s'y emploie si bien qu'Henri, charmé de
lui, et d'ailleurs vivement pressé par Gabrielle,
se décide à l'imposer à ses collègues jaloux
(juillet 1596). Sa résolution est prise. Il fait venir Sully et la lui annonce. « Or sus, mon ami,
à ce coup, je me suis résolu de me servir de
votre personne aux plus importants conseils de
mes affaires, et surtout en celui de mes finances. Ne me promettez-vous pas d'être bon ménager et que vous et moi couperons bras et
jambes à madame Grivelée ? » (c'est ainsi qu'il appelait la fraude.) Ceci dit, il commande les expéditions au secrétaire d'État, Villeroy. La chose
semble faite ; mais dans l'intervalle, on cabale,
on intrigue, on dénigre au roi le choix qu'il
vient de faire. Il en est ébranlé et peut-être

va-t-il révoquer sa décision première, quand
certains faits étranges le font de nouveau douter
des dénonciateurs de Sully. Il le maintient
définitivement, et d'urgence l'envoie à Paris
prendre possession de ses fonctions.

Dès lors la fortune de Sully va toujours gran-
dissant. Au conseil des finances, il est le plus
assidu, et bientôt le plus compétent. Ses rivaux
s'éloignent ou s'inclinent. Et le roi, fourni d'argent avec une ponctualité sans précédent, ne
cesse de chanter ses louanges et d'étendre ses
attributions. Le temps s'écoule, ni son exactitude ni sa loyauté ne se démentent, et son activité
grandit avec ses fonctions. Henri IV, qui rêve
d'introduire dans tous les services la régularité,
la méthode, la sécurité qu'a mises Sully dans les
finances, ne voit que lui qu'il en puisse charger.
Il le nomme successivement capitaine des canaux
de navigation et rivières (1597), grand voyer de
France, grand maître de l'artillerie (1599), surintendant des fortifications et bâtiments du
roi (1602) et grand maître des ports et havres de
France (1606). Il songea même à lui confier la su
rintendance des vivres. Sully, écrasé de travail,
ne voulut pas l'accepter. Avec la peine viennent
les honneurs et les profits : le roi le fait capitaine de la Bastille, gouverneur de Mantes, du
Poitou, etc., commandant de deux cents hommes
d'armes de la compagnie de la reine, etc., etc.
Entre temps, il lui a, par un acte en forme, con-
féré le titre, qu'il avait si légitimement conquis

**

par son labeur opiniâtre et son exacte probité,
de surintendant des finances (1601). Sully avait
alors trente-neuf ans. Le voici parvenu à une
position qu'il n'avait pas osé entrevoir dans ses
rêves les plus ambitieux. Tous les pouvoirs lui
incombent avec toutes les responsabilités. Il
saura s'en montrer digne. Pendant les dix années que régnera encore Henri IV, il va, soutenu
par son maître et animé de l'amour du bien
public, faire une France prospère et puissante,
et en même temps s'acquérir, dans cette noble
entreprise, une gloire impérissable.

II

Il serait difficile d'exagérer la détresse du
royaume, au moment où Sully entrait au conseil
des finances, et même dans les trois ou quatre
années qui suivirent. Les revenus de l'État s'éle-
vaient à 23 millions et les charges ordinaires
à 16; il restait 7 millions pour les fortifications,
la guerre, la voirie, etc. Le domaine de la couronne et le domaine de Navarre étaient depuis
longtemps engagés. Le roi vivait au jour le
jour, et fort piètrement. La solde de l'armée
était toujours en retard; les fournisseurs, incer-
tains de la date du payement et du payement lui-
même, majoraient leurs prix de 50 à 100 p. 100.
Augmenter les impôts, il n'y fallait pas songer.
Le pays était ruiné, les champs déserts, le commerce mort. Poursuivis par le collecteur, les

paysans se cachaient dans les villes, les artisans passaient à l'étranger. Il y avait pour plus de 20 millions d'arriéré dont pas un sou n'entrerait au Trésor, et on avait dû lever une contribution extraordinaire sur les plus aisés. Le nombre des offices était énorme. Ceux des trésoriers et receveurs généraux et particuliers et de presque tous les comptables avaient déjà chacun deux titulaires, qu'on appelait l'un ancien, et l'autre alternatif; et on venait d'en créer un troisième dénommé triennal, de sorte que, sauf préemption des deux premiers, chacun ne devrait occuper la place que tous les trois ans. Forcément ils se rembourseraient en détail sur le peuple, et la misère augmenterait encore sans que le Trésor en devînt plus riche.

Tout crédit était épuisé. Les dettes des précédents règnes, grossies des 100 millions qu'avaient coûtés l'entretien de la guerre et la paix achetée, faisaient un total de 350 millions, dont 160 environ étaient exigibles. Parmi les créanciers, les puissances étrangères figuraient pour près de 70 millions; les ligueurs convertis pour 30. C'étaient l'Angleterre, le duc de Florence, le duc de Wurtemberg, le comte Palatin, les bourgeois de Strasbourg, Venise, des banquiers italiens, et d'autre part le duc de Mercœur, Villars, le duc de Guise, le connétable de Montmorency, et cent autres. On leur avait abandonné, comme garantie, le droit de lever certains impôts : tailles, gabelles, péages, etc. Eux-mêmes revendaient leurs droits à d'autres, et en tiraient jusqu'à quatre et cinq fois moins que le produit réel.

Le peuple, d'ailleurs, n'y gagnait rien. Les impôts étaient écrasants et innombrables. Impôts généraux et locaux, payés au roi, à la province ou au seigneur, Sully en dresse une liste qui dépasse deux cents articles. Les revenus de l'État se composaient de deniers ordinaires et extraordinaires. Les deniers extraordinaires provenaient des créations d'offices, du domaine, de l'enregistrement, des amendes, des transactions avec les financiers poursuivis, etc. Aux environs de 1598, c'était relativement peu de chose; mais nous verrons quelle importance ils prirent dans les années qui suivirent la paix de Lyon. Quant aux deniers ordinaires, ils se subdivisaient, un peu arbitrairement d'ailleurs, en deux sections. L'une, qui ne faisait environ qu'un cinquième du total, comprenait certaines ressources spéciales, telles que le taillon, somme payée par les villes pour se racheter de diverses charges de guerre et de police; les parties casuelles, droits qui reviennent au roi lors du changement de titulaires des offices; le produit des domaines donnés au roi et au dauphin par la reine Marguerite, etc., etc. La seconde comprenait les impôts proprement dits. Ces impôts étaient directs ou indirects. C'étaient des tailles que le roi levait par ses officiers ou des fermes dont la rentrée lui était garantie par des traitants. Tailles ou fermes étaient des impôts de répartition. Il était d'abord assigné à chaque province une quote part; puis, à l'intérieur de la province, des officiers, des élus et des *asséeurs* déterminaient successivement les contingents dans la généralité, l'élection et la paroisse. Malgré ce luxe d'agents, la répartition était pitoyable. La gabelle, impôt du sel, contraignant, par un mécanisme souvent décrit, tous les habitants, à l'exception des seuls indigents, d'acheter, à des prix excessifs, des quantités très supérieures à leurs besoins, donnait lieu à d'abominables scandales, qui soulevaient la pitié et l'indignation de Sully et du roi. La taille, impôt très ancien, dont le principal et la « crue » s'appelaient ordinaire et extraordinaire, était, par suite de continuels empiètements des corps privilégiés, de réelle, devenue personnelle. C'est seulement en Languedoc que tous les immeubles sans exception l'acquittaient, abstraction faite de la qualité et du rang de leurs propriétaires. Partout ailleurs, la noblesse et le clergé en avaient fait exempter leurs biens et aussi, dans le tiers état, ceux qui, par l'épée ou la robe, avaient prétendu échapper à la roture. En sorte que ceux-là seuls la payaient qui n'en avaient pas les moyens, et, parmi eux, les plus intrigants arrivaient encore, en subornant les asséeurs, à s'en affranchir pour partie.

Comme si ce n'était pas assez de tant de misères, aux difficultés de la perception s'ajoutaient celles du contrôle et de la comptabilité. Les revenus de l'État n'étaient pas centralisés comme aujourd'hui pour être employés aux dépenses générales, après ordonnancement régulier. Une partie seulement était versée au trésor du roi, c'étaient les « deniers revenants bons en l'épargne. » Le reste qui, à l'époque dont nous parlons, était beaucoup plus considérable (16 millions sur 23), ne figurait même pas au budget de l'État, et était laissé aux comptables pour l'acquittement des dépenses locales, dites « charges par prélèvement. » C'étaient les divers appointements des officiers royaux civils, les rentes ou l'intérêt des emprunts publics, etc. En outre, certaines ressources étaient affectées à des dépenses spéciales. Une généralité, comme celle de Rouen, par exemple, était chargée des dépenses de toute la province. Si la recette n'y suffisait pas, il fallait assigner un autre fonds ou reculer le payement d'une ou deux années. Parfois encore le gouverneur de la province allait, de son autorité, pour des besoins prévus ou non, et plus ou moins justifiés, puiser dans la caisse du trésorier de sa capitale. On imagine quels abus pouvaient s'abriter et quels gaspillages derrière de semblables pratiques, et ce que devenait la comptabilité. Elle était, au témoignage même de Sully, tellement tombée en discrédit et en désuétude, que même sur le trésor du roi on ne prenait plus la peine de délivrer des bons réguliers en la forme.

Voilà quelle situation trouvèrent Henri IV et Sully aux environs de 1598. La modifier radicalement? pure chimère! Trop de gens étaient intéressés au désordre, et trop de soucis détournaient ailleurs leur attention. Ils s'en rendaient compte, et n'estimaient possible, tant que la maison d'Autriche se dresserait menaçante, d'entreprendre aucune réforme profonde. Mais on pouvait réprimer la fraude, soulager et protéger les contribuables, peu à peu les enrichir en ranimant l'agriculture et le commerce, augmenter ainsi les ressources de l'État, éteindre ses dettes, raffermir son crédit, et refaire une France prospère, puissant instrument d'une politique glorieuse. Tel fut le vaste et généreux programme que s'assignèrent celui qui dans notre histoire a été le véritable grand roi et son laborieux ministre. Dix ans après, il était réalisé.

En premier lieu, il fallait mettre un fond au tonneau des Danaïdes, et, pour cela, organiser le contrôle. Sully, l'homme des expédients ingénieux aussi bien que des rudes besognes, commença par centraliser le plus qu'il put les recettes, restreignant d'autant les dépenses acquittées sur place. De 16 millions, en 1596, elles descendirent à 13 millions en 1607 et à 7 millions en 1609; et pour toutes les sommes employées, il exigea dorénavant une comptabilité exacte et minutieuse. Lui-même en donna l'exemple, et il raconte qu'il put ainsi, à force d'ordre et de méthode, empêcher de gros détournements.

Rassuré sur l'avenir, il s'occupa de liquider le passé. Il fit, en personne, parmi les trésoriers une tournée, demeurée célèbre, qui valut au roi une première série de restitutions s'élevant à 3,600,000 livres. Puis, une fois édifié sur les comptes des débiteurs de l'État, il examina ceux des créanciers ou qui se prétendaient tels.

La portion de la dette alors exigible était d'environ 160 millions, qui provenaient, pour 70 millions, de dettes envers des étrangers, et pour le reste de promesses faites aux anciens ligueurs ou de divers emprunts à des particuliers. La dette non exigible, d'à peu près 200 millions, se composait surtout des rentes publiques et des sommes prêtées sur le domaine engagé. Sully résolut de rembourser le plus possible de la dette exigible, et pour la dette non exigible, de faire réviser les titres de constitution de rente, les titres d'engagement, et en même temps — on pourrait dire par la même occasion, — flairant des fraudes énormes, ceux d'aliénation du domaine.

Le domaine engagé ou aliéné se composait de terres ou d'offices lucratifs abandonnés à des particuliers en échange ou en sûreté de leur argent. Or parfois des usurpations avaient été commises, le détenteur ayant sans droit arrondi son lot, et occupant plus de terres ou d'offices qu'il ne lui en avait été concédé. Ou bien les contrats primitifs avaient été entachés de dol; ou encore les terres et offices engagés étaient d'une telle valeur que le produit avait, en peu d'années, remboursé et au delà le capital prêté. Des faits analogues avaient marqué les constitutions de rentes. Beaucoup d'entre elles, à la vérité, étaient loyales et légales. Mais, depuis leur création, le prix de l'argent avait considérablement baissé, et l'État avait intérêt à les rembourser. Beaucoup d'autres avaient été achetées à un prix ridiculement bas, même usuraire, ou moyennant un capital dont la moitié ou quelquefois seulement le tiers avait été versé. Pour tous ces motifs, il était juste et raisonnable de faire tomber certains contrats, d'en réviser certains autres et de rembourser tout ce qu'on pourrait.

Mais cela n'alla pas sans de grandes difficultés. Les usurpateurs du domaine étaient bien puissants; et quant aux rentiers, les plus honnêtes étaient les plus tenaces. Les rentes en effet constituaient presque toute la fortune d'un grand nombre de bourgeois dont le remboursement allait singulièrement restreindre les revenus. Leur opposition, surtout à Paris où ils avaient comme interprète François Miron, fut très vive, et le roi, dont la politique ordinaire était toute de transaction, résolut d'en tenir compte. Néanmoins cette triple et colossale opération fut menée avec dextérité et énergie. Commencée en 1604 et continuée les années suivantes, elle avait permis à la fin de l'année 1609, sur la dette exigible, de payer 100,000,000 de livres, et, sur les rentes, de rem-

bourser le capital de 5 millions d'intérêts, dont
1,400,000 à Paris et 3,600,000 en province. Quant
au domaine, il en avait été, par divers procédés, recouvré immédiatement pour 35 millions;
et en vertu d'arrangements à terme, 45 millions
devaient, au bout de seize ans, faire retour à
l'État, libres de toute charge.

Il était plus difficile et plus périlleux de toucher aux impôts. Les besoins étaient immenses
et pressants. En des temps si troublés, c'était
jouer gros jeu. Du reste, en cette matière le
pouvoir du roi rencontrait des limites dans les
faits et dans les institutions. Il ne lui était pas
loisible de décider en souverain. Outre que le
régime fiscal ne présentait pas ce caractère
d'uniformité et de généralité qu'il a aujourd'hui
et variait sensiblement d'une région à l'autre, à
ce point qu'il eût fallu, pour le modifier, d'innombrables mesures de détail, certaines provinces possédaient des privilèges nettement déter-
minés, contre lesquels la volonté du roi se serait
brisée. Il existait ce qu'on appelait les pays
d'états : Bretagne, Gascogne, Languedoc, Provence, Bourgogne et Dauphiné, plus du quart
du territoire. Chaque année les États s'y réu-
nissaient pour voter l'impôt ordinaire, dont
une partie seulement allait à l'épargne du roi.
Et encore, pour bien marquer l'indépendance
relative de ces provinces, cette partie était appelée non pas impôt, mais, suivant le pays, *équiva-
lent* ou *fouage*. Sans les États, on ne pouvait

lever un sou dans la province. Ils étaient libres
de l'accorder ou de le refuser; et quand le roi,
pressé d'argent, décrétait un impôt extraordinaire, ils considéraient qu'en le votant ils faisaient un *don gratuit*. Outre ces pays d'états, il
y avait d'autres provinces, Normandie, Picardie, Maine, Anjou, Touraine, Berry, Nivernais,
Bourbonnais, Auvergne, etc., possédant des
assemblées moins puissantes, mais qui jouis-
saient encore du droit de remontrances et du
privilège de voter l'impôt extraordinaire. Enfin,
dans le reste de la France, le pouvoir du roi,
quoique absolu, rencontrait les Parlements qui,
par ambition de jouer un rôle politique, lui
refusaient souvent l'enregistrement des édits
bursaux. En présence de ces obstacles d'ordre
législatif, le roi devait être moins tenté de bou-
leverser le régime fiscal que de le rendre pro-
gressivement équitable ou tout au moins tolérable.

C'est dans cet esprit qu'avant même l'arrivée
de Sully au pouvoir, Henri IV était déjà venu
au secours des agriculteurs par d'excellentes
mesures que nous retrouverons plus loin. Sully
reprit la tradition de l'ancien conseil des finances
et tendit, par une impitoyable suppression des
privilèges usurpés, à grossir le nombre des
contribuables. Tous les faux nobles qui s'étaient,
par cent artifices divers, soustraits à la taille,
furent rejetés dans la roture, et les assesseurs,
complices de leur fraude, condamnés sans pitié.

Comme la taille, et presque tous les autres impôts, étaient des impôts de répartition, la même
somme levée sur plus de contribuables, et dans
un pays chaque année plus riche, devint en peu
de temps assez légère. D'autant plus qu'on s'était
efforcé d'en perfectionner la répartition, et
d'arriver à la proportionnalité des charges, sinon
entre individus, au moins entre paroisses.

Le roi, cependant, ne s'était pas, surtout au
début de son règne, interdit d'établir de nouveaux impôts. Les besoins de sa politique
l'y avaient contraint, et il faut convenir que
ses innovations n'avaient pas toujours été heu-
reuses. J'ai déjà cité la création des triennaux.
Elle ne s'excusait que par la pénurie du trésor.
L'impôt si connu sous le nom de « la Paulette »
ne valait guère mieux, et ne pouvait se défendre
sérieusement que par des raisons de gouvernement. Du moins le roi et Sully s'étaient-ils réservé le moyen d'en prévenir les effets les plus
fâcheux. Quant à l'impôt appelé droit de franc-
fief, qui prenait tous les vingt ans aux fiefs des
roturiers une année de revenu, et constituait un
véritable obstacle à la circulation des biens, il
procédait de l'esprit nobiliaire si puissant sous
Henri IV et qui s'incarnait en Sully. Le roi et
son ministre avaient sacrifié le bien du pays aux
préjugés de leur époque.

En revanche, sur d'autres points, ils se mon-
trèrent singulièrement éclairés et furent même
de véritables précurseurs.

La difficulté de soumettre toutes les classes au payement de l'impôt, et d'arriver à une équitable répartition et à une perception régulière, détertermina chez Sully une préférence marquée pour les impôts que nous appelons aujourd'hui indirects. Au conseil des notables de 1596, il avait (du moins ses ennemis, croyant lui nuire, l'en accusèrent) proposé un impôt d'un sol par livre sur tous les objets, sauf le blé, qui se vendraient dans les villes, bourgs et foires du royaume. Cela participait de nos droits d'octroi et de nos droits de détail et de circulation. Cette forme d'impôt plut assez aux meilleurs esprits. « Entre les piqûres venimeuses, dit un contemporain, on tient que celle de l'aspic est la plus douce, parce qu'elle tue insensiblement, endormant ceux qui en sont atteints, et les faisant passer d'un sommeil à l'autre; et entre les impôts, celuy-ci est le plus tolérable parce qu'on le paye sans le payer, acheptant seulement la marchandise un peu plus cher, ce qui se fait souvent sans établir le sold pour livre... C'est la plus juste et raisonnable subvention que l'on puisse inventer parce que toutes personnes y contribuent... chacun selon qu'il a le moyen d'avoir des marchandises, et autant l'ecclésiastique et le noble que le roturier et non privilégié. » Pour en faciliter l'application et prévenir les contestations sur la valeur des marchandises, on avait presque partout transformé le droit *ad valorem* en droit spécifique et dressé un tableau de ce qu'en

devait acquitter chaque catégorie : de là, le
nom de *pancarte* donné à cet impôt. La pancarte,
malgré son réel mérite, fut néanmoins très
impopulaire, surtout dans les ressorts éloignés
de Paris ; elle provoqua des troubles à Limoges,
Poitiers, la Rochelle. Établie d'abord pour trois
ans, prorogée pendant deux années encore, elle
dut être supprimée (1602). Mais dans le préambule
même de l'édit de suppression, Sully protestait
contre l'erreur des populations, et, persuadé de
l'excellence des impôts indirects, la remplaçait
pour moitié par un impôt *ad valorem* sur quelques
marchandises, dont la plus importante était le
vin.

Il projetait encore d'autres améliorations. Il
aurait voulu que la gabelle cessât d'être, comme
il disait assez exactement, « une sorte de capitation. » Il rêvait d'acquérir pour l'État le monopole
du sel, et d'en faire, au lieu d'une matière impo-
sable, une marchandise que l'État eût vendue
assez cher sans doute, mais sans en imposer l'u-
sage. Il s'assignait, pour effectuer cette réforme,
la date de 1614. Le règne de Henri et la faveur de
Sully ne devaient pas aller si loin.

Toutes ces mesures sages et bienfaisantes qui
soulageaient les peuples et leur rendaient confiance n'auraient cependant pas suffi à faire le
pays prospère. Il fallait pour cela y raviver les
sources profondes de la richesse.

Déjà Henri IV, ému des souffrances de l'agriculture, avait, par un édit de 1595, modéré les

poursuites de ses agents et soustrait à leur action les instruments agricoles. A son tour Sully, qui, plus exclusif que son maître, voyait dans l'agriculture la grande, l'unique ressource de la France, s'attacha à la protéger de la façon la plus efficace. Les officiers du roi reçurent ordre de courir sus aux pillards et maraudeurs qui vivaient sur le paysan. Le port des « bâtons à feu », comme on disait alors, ne fut permis qu'aux gens de guerre en activité de service et aux gentilshommes sur leurs terres, et les infractions à cette règle furent punies des peines les plus sévères. Il fut consenti des remises d'impôt d'abord limitées à des individus et à certaines régions éprouvées, puis, à la suite d'une seconde tournée où Sully constata la désolation des campagnes, étendues, pour les années 1594 à 1596, au royaume entier. L'extraordinaire de la taille fut, à partir de l'an 1600, réduit de 1,800,000 livres, et plus tard de 2,000,000. Le taux légal de l'argent fut ramené au denier seize. On sollicita à Rome, d'ailleurs sans l'obtenir, la réduction des fêtes chômées, si nombreuses alors que le paysan catholique, de gré ou de force, se reposait la moitié de l'année. On s'occupa de dessécher les marais. Un ingénieur, Bradley, venu des Pays-Bas, en reçut l'entreprise. On lui concédait en payement, outre une foule de privilèges, la moitié des terres conquises sur l'eau. Enfin, non content d'aider par tant de moyens l'agriculture, le roi, désireux de l'honorer et de l'instruire, acceptait la dédicace du fameux *Théâtre d'agriculture*, d'Olivier de Serres, accueillait familièrement l'auteur, lisait et méditait le livre et le répandait autour de lui.

Pour tout ce qui touche l'agriculture, Sully prend l'initiative des réformes; il n'a pas besoin d'être guidé ou stimulé; pour le commerce et surtout pour l'industrie, dont l'utilité ou le succès lui semblent contestables, il n'est que l'exécuteur, parfois récalcitrant, des volontés du roi. Henri IV, dans ces questions, devançait son temps. Il tenait que les nations ne peuvent s'enrichir sans un commerce très actif, et que l'activité du commerce dépend de la liberté dont il jouit. Il estimait donc que le gouvernement ne doit pas empêcher « que chacun fasse son profit de ce qu'il a par le moyen et le bénéfice du commerce ». Contrairement à ses prédécesseurs, il autorisait, il favorisait le trafic avec l'étranger. A l'exportation, il permettait la sortie des grains, sauf deux cas, qui expliquent les apparentes contradictions de certains édits : celui de guerre, le blé devenant alors une véritable contrebande de guerre, et celui de famine à l'intérieur. A l'importation, il était partisan de droits modérés, et la pénurie de ses finances l'empêcha seule de les réduire à son gré. Toutefois il estimait qu'un pays comme la France, riche et aimant le luxe, doit posséder des industries qui lui fournissent une partie au moins de ce qu'elle consomme,

et, comme la guerre civile avait ruiné la plupart de celles où nous avions autrefois réussi,
il s'efforçait d'en acclimater de nouvelles et de
relever les anciennes.

Les hommes d'ailleurs ne manquaient pas pour
lui suggérer des idées, ou recueillir et appliquer
les siennes. Il avait eu Olivier de Serres pour
l'agriculture, il eut pour le commerce et l'industrie les deux Laffemas. Les draps de France
avaient, jusque sous Henri II, été très renommés, et Rouen en fabriquait encore d'une finesse
admirable. Mais le drap commun, vêtement du
peuple, faisait défaut, et il fallait l'acheter aux
Anglais, qui, maîtres du marché, le vendaient au
prix et de la qualité qui leur plaisaient. On
pressa les habitants des anciens centres manufacturiers de rouvrir leurs ateliers; on les subventionna, et on leur fit des commandes. On n'avait pas alors, comme étoffe d'été, les toiles
peintes, plus tard si à la mode, et l'on ne savait
encore fabriquer avec le coton qu'une futaine
grossière, bonne seulement pour l'hiver. C'est
pour cela que la soie, autrefois étoffe rare et de
grand luxe, était entrée dans la consommation
courante. Il n'était petit bourgeois qui n'en fît
usage, et les fabriques de Lyon et de Touraine, les
plus actives de l'époque, étaient loin de suffire
aux besoins. On estimait à 18 millions de francs ce
qui s'en achetait à l'étranger. Olivier de Serres et
Barthélemy Laffemas, aidés et stimulés par le roi,
s'occupèrent d'en établir des manufactures. On

planta d'abord des mûriers à Paris, à Orléans, à
Fontainebleau, à Tours, et on ouvrit au château
de Madrid, près Paris, un atelier de dévidage et
de préparation. Après les premiers essais, on
dissémina largement les mûriers et la graine de
vers à soie. Il se fit d'immenses plantations dans
toute la province. Des magnaneries furent fondées aux Tuileries, à Fontainebleau, et d'habiles
ouvriers, appelés d'Italie, furent répartis, comme
instructeurs, dans les principaux centres. Ces
encouragements, continués pendant plusieurs
années, portèrent leurs fruits. A Tours, dans le
Poitou, à Montpellier, et à Lyon, les fabriques
anciennes se relevèrent; d'autres furent fondées,
et la France fut dotée d'une magnifique industrie.

C'était la plus considérable, mais ce n'était
pas la seule. On en introduisait ou restaurait
d'autres, d'objets de luxe ou de première nécessité : manufactures de drap d'or et d'argent, de
tapisseries de Flandres; « fonderies et fileries » de
fer, fabriques d'acier, de tuyaux de plomb, de
futaines, de bluteaux perfectionnés, etc. On
poussait à l'exploitation des mines, et l'on insé-
rait dans les actes de concession en faveur des
mineurs des dispositions bienveillantes qu'on ne
retrouverait plus dans nos lois. On rédigeait sur
les corporations des règlements sages et libé-
raux; enfin l'on instituait une chambre supérieure du commerce, chargée de « vacquer au
rétablissement du commerce et manufacture
dans le royaume ».

Sully, resté un peu à l'écart de ce vaste mouvement, prenait sa revanche comme grand voyer de France. La circulation était entravée à chaque pas soit par le mauvais état des routes, soit par les prétentions des péagers. Cela était particulièrement fâcheux à une époque où les industries et productions étaient cantonnées et spécialisées par régions, et où les échanges étaient plus qu'un moyen de lucre, une nécessité de la vie. Sully ordonna une enquête très active, à la suite de laquelle tous les péagers durent entretenir convenablement les ponts et chaussées, sous peine de saisie des péages. Des postes royales, avec relais, furent établies dans tout le royaume. Puis vinrent des travaux considérables : ponts, levées, digues et canaux. Deux millions et plus y étaient consacrés annuellement. Pour les canaux, ce n'était pas seulement une affaire d'argent. L'entreprise était neuve, et, pour le temps, colossale. La science n'avait pas encore inventé les canaux à point de partage, et ce que rêvait Sully n'était rien moins que de faire communiquer les trois mers et circuler les bateaux à travers la France, sans rompre charge : le système même de la canalisation actuelle. Mais ici encore le roi et Sully, qui prirent l'initiative de ces travaux, surent, comme pour l'agriculture et l'industrie, trouver des hommes dévoués à leur œuvre : le cardinal de Joyeuse et l'ingénieur Reneau, élève du grand Adam de Crapponne. Dès lors, et quoiqu'on

cût laissé subsister encore bien des obstacles, les
do.anes intérieures par exemple, qui étaient
nécessaires pour la perception de certains droits,
le commerce prit en France un essor rapide.

On n'avait pas non plus négligé le commerce
extérieur. Mais les besoins d'argent et certaines
considérations politiques firent maintenir ou
même établir certaines pratiques fâcheuses. Les
transactions se faisaient alors, avec les Pays-
Bas, par la Picardie; avec l'Angleterre, par la
Normandie et la Bretagne; avec l'Espagne, par
la Guyenne et le Languedoc; avec l'Italie, par la
Provence et le Lyonnais. Les marchandises les
plus précieuses, à leur entrée en France, payaient
des droits d'importation de 5 et plus tard de
7 et demi, ou de transit de 2 et plus tard de
4 et demi p. 100, et à la sortie un droit d'exportation. Tous ces droits, datant de François Ier
ou d'Henri III, furent maintenus par Sully; on
réduisit seulement à 2 et demi p. 100, après la
paix de Vervins, les droits d'exportations sur les
produits à destination de l'Espagne. Il existait
des villes d'entrepôt ou de transit où les marchandises devaient venir recevoir l'estampille et
acquitter les impôts. C'étaient, suivant les régions: Amiens, Rouen et Caen; Nantes, Saint-
Malo, Vitré, Brest et Saint-Pol de Léon; Bor-
deaux, Bayonne et Saint-Jean de Luz; Marseille,
et enfin Lyon. Lyon était depuis longtemps
l'entrepôt obligatoire des importations d'étoffes
précieuses et des soies. En 1585, à cette catégorie

de marchandises on avait encore ajouté les épiceries et tous les produits du Levant et du Nord, destinés au travail ou à la consommation, matières premières ou objets fabriqués. Naturellement le commerce en avait diminué. Sully, au lieu de réparer une erreur si préjudiciable, l'aggrava encore. Lyon protestait contre le péage sur le Rhône et la douane de Vienne qui gênaient son commerce et que néanmoins, faute d'autres ressources, on désirait maintenir : pour le dédommager, on étendit son entrepôt, et l'on obligea la Provence, le Languedoc et le Dauphiné à y envoyer, pour acquitter les droits, leurs marchandises destinées à l'exportation. Heureusement on regagnait d'une main ce qu'on perdait de l'autre. Des traités de commerce, habilement remaniés ou conclus, donnèrent les meilleurs résultats.

Un traité de commerce existait, depuis 1572, avec l'Angleterre ; la paix de Vervins nous avait rouvert les côtes et frontières d'Espagne et de Flandre, et un traité de 1603 nous donnait accès en Turquie et dans les pays barbaresques. Mais la Turquie était bien loin et peu sûre, et quant à l'Angleterre et l'Espagne, elles étaient devenues pour nous de très médiocres clients.

Le traité de 1572 avait concédé aux Anglais le droit de fonder dans nos villes quelque chose comme des chambres de commerce. En sorte que, débarqués sur le continent, ils rencontraient un précieux concours. Non contents de faire aux nôtres, par les moyens licites, une concurrence efficace, leurs marchands, sans doute encouragés sous main — car l'Angleterre, qui avait soutenu Henri IV prétendant au trône, n'était pas, loin de là, aussi favorable au roi victorieux — se servaient contre eux des pires expédients. Des pirates à leur solde venaient piller jusque sur nos côtes. Nos marchands n'osaient plus s'aventurer sur mer. D'ailleurs la décadence de notre industrie ne leur fournissait plus de fret, et des droits énormes frappaient les bateaux français à leur entrée dans les ports anglais. Les Anglais avaient donc peu à peu accaparé le monopole des relations commerciales entre les deux pays. Ils nous inondaient de leurs marchandises, souvent de qualité douteuse, et rentraient chez eux riches des bénéfices qu'ils réalisaient à la fois comme industriels, marchands et transporteurs.

Du côté des Espagnols, les choses n'allaient pas mieux. Peu de temps après la paix de Vervins, ils avaient mis sur nos marchandises un droit de 30 p. 100, auquel Henri IV avait répliqué par un droit égal sur les leurs. Mais comme même les Flandres nous vendaient beaucoup moins qu'elles ne nous achetaient, les représailles étaient demeurées sans effet. Cela dura deux ans et plus. Bientôt la situation empira. Alliée à l'Angleterre, l'Espagne exempta les marchandises naviguant sous son pavillon du droit qui frappait les nôtres. Les Anglais n'avaient plus qu'à venir en France charger leurs bateaux des produits qu'offraient abondamment notre agriculture et notre industrie restaurées, et retiraient d'immenses profits de ce rôle d'intermédiaires. Pendant ce temps Espagnols et Italiens infligeaient, à l'exemple de nos voisins du Nord, mille vexations à nos nationaux.

Henri IV qui, par des considérations politiques, n'avait pendant longtemps élevé contre tant d'injustices et d'injures que des protestations modérées, se mit, une fois son pouvoir affermi, en mesure d'y répondre, puisque cela devenait nécessaire, par des procédés du même genre. Il commença par mettre sur tous les vaisseaux étrangers un droit d'ancrage qui rétablit l'égalité entre eux et les nôtres. Il fit sévèrement inspecter les marchandises importées et refusa l'estampille à toutes celles qui étaient suspectes, ou que, par représailles, on avait intérêt à considérer comme telles. Il délivra à nos marins des lettres de marque et les autorisa à saisir sur la Manche et dans la Méditerranée les bateaux marchands anglais et italiens. Enfin il insista près des Espagnols pour la suppression du droit de 30 p. 100, faisant de son maintien un *casus belli*. Cette attitude si ferme imposa à ses adversaires: en 1604 l'Espagne, et en 1606 l'Angleterre signaient avec lui un traité de commerce.

Il faudrait encore citer bien des mesures dignes d'intérêt et même d'admiration : sur les monnaies, le commerce des métaux précieux, la colonisation, etc. L'espace nous manque. Disons

du moins en quelques lignes les résultats de la
politique dont nous venons d'esquisser les principaux traits.

Jamais conduite plus sagace n'obtint succès
plus brillant. A la fin du règne de Henri, l'agriculture était redevenue florissante. Le blé, quoique abondant, se vendait cher. L'argent était
commun, et les pistoles d'Espagne ne circulaient
plus qu'en France. Les impôts se payaient facilement et régulièrement, et, quoique plusieurs
eussent été réduits, les revenus de l'État avaient
augmenté. De 1597 à 1609, les recettes s'étaient
accrues de plus de 8 millions de livres. Les deniers extraordinaires, grâce à une continuelle
surveillance et à des marchés habiles avec les
financiers compromis, grossissaient d'année en
année et rendaient, en 1609, 13 millions. Les
dépenses étaient strictement contrôlées et véri-
fiées, et si sagement réduites, que les revenus
ordinaires, dont le total fit, un moment, 32 millions, purent la dernière année, être ramenés
à 26 (1). Enfin, après tant de remèdes et de diminutions d'impôts, après tant de dettes payées,
de rentes remboursées et de domaines rachetés
ou dégagés, le roi avait dans ses coffres une ré-
serve de 17 millions en numéraire, sans compter
des engagements sûrs pour plusieurs millions,
et Sully se faisait fort de lui trouver, pour le

(1) Sur tous ces points, voir, pour des chiffres plus dé-
taillés, le tableau annexé à la fin du volume, p. 213.

jour où il en serait besoin, près de 200 millions de livres.

III

Il serait téméraire de prétendre, dans ce vaste et admirable travail de reconstitution, détermi-ner nettement la part du roi et celle de son mi-nistre. Leur intime collaboration, qui dura près de quatorze ans (1596-1610), dut assez rapidement rapprocher et confondre leurs idées pour qu'eux-mêmes ne sussent plus duquel des deux elles émanaient d'abord. Tout au plus peut-on remar-quer que des dissentiments irréductibles en cer-taines matières empêchaient sans doute le travail commun, et que par exemple la restauration de l'industrie, les encouragements aux beaux-arts doivent être portés au compte du roi seul. Leurs tempéraments opposés permettraient encore de croire que c'est de lui que partaient les initiati-ves larges et générales et qu'il se reposait sur l'ingénieux et opiniâtre Sully des soins in-grats de l'exécution. Vraisemblablement Henri, l'homme du premier mouvement et qui répu-gnait au travail de cabinet, suggérait un plan, en dévoilait, avec un sens divinatoire, les vas-tes perspectives; Sully le recueillait pieusement, allait s'enfermer dans ce salon vert où son maî-tre le surprit souvent à l'aube blanchissante, le ruminait, le digérait et venait quelques jours après, grave, ponctuel, quelque peu pédagogue, exposer et démonter devant son maître à la fois railleur et attendri le minutieux et infini mécanisme de l'application.

Mais ce n'était pas là une règle invariable. Cent lettres diverses nous montrent Henri IV s'occupant à l'occasion des moindres détails de l'administration. Ç'avait été pour lui au début une nécessité; plus tard ce fut une coquetterie. On le savait, et les courtisans, quand ils méditaient quelque entreprise contre sa bourse, ne manquaient guère de flatter sa manie et de lui arracher une faveur sous l'apparence d'une réforme. Mais il n'en était pas toujours la dupe. Et parfois, tandis que l'importun et rapace solliciteur s'en allait rêvant à sa bonne fortune, lui, semblable à ces duellistes qui font sous main prévenir la police, dépêchait un mot à Sully, pour l'avertir de sa faiblesse. « Souvenez-vous, lui écrit-il un jour, que ce sont choses que je ne lui ay pu refuser; mais de n'y rien faire au préjudice de mon service, que je vous recommande sur tout. » Et quand le protégé du roi venait triomphant réclamer les lettres d'expédition ou le bon sur la caisse, Sully prenait ce front négatif, que toute la cour connaissait, et l'éconduisait, quelquefois même peu civilement.

Ces petites ruses d'un homme qui se défie de sa générosité native témoignent de la confiance du roi. Elle était entière. Henri avait pour Sully plus d'estime encore que d'affection, et entre eux le jour de la confiance sans limites devança celui de l'amitié sans nuages. Dès 1597, il lui écrivait : « Je vous prie, incontinent la présente reçue, de venir ici pour aider à faire mes affaires, car j'ai besoin de gens telles que vous. » « Il me semble, lui dit-il encore, que je suis bien plus fort en mon conseil quand je sçay que vous y êtes. » Un serviteur si précieux et si dévoué devient nécessairement un ami, et Sully fut bientôt l'ami du roi, celui qui avait le droit de louer ou de blâmer, l'ami des jours gais ou sombres, des joies familières et des cérémonies publiques, pour qui il n'existait pas de secrets, à qui l'on demandait conseil dans les grandes circonstances, à qui l'on confiait ses désirs, à qui l'on avouait ses faiblesses.

Le roi lui dévoile les petites perfidies que l'on débite et les complots qu'on trame pour les désunir. Il s'inquiète de la santé des siens ; lui fait, aux moindres occasions, de dignes présents ; prend part à ses tristesses, et le conseille pour l'établissement de ses enfants. Il va le visiter fréquemment en son logement de l'Arsenal. Un jour il y arrive avec la reine et ses filles d'honneur, et Sully, en qui sommeillait la gaieté gauloise, trouve bon d'égayer ces jeunes Italiennes en leur versant du vin blanc au lieu d'eau. Une autre fois, il survient à l'improviste, descend aux cuisines, tâte du vin, goûte les sauces, s'invite à dîner, et, comme Sully, mis en belle humeur, lui avait donné 4,000 pistoles pour son jeu : « Grand maître, s'écrie-t-il, je reste à coucher. » Il l'emploie dans une foule de petites machinations innocentes : « Mon amy, lui écrie-t-il, souvenez-vous de parler au prevost des marchands de ma bonne ville de Paris, pour lui faire entendre comme ils devraient bailler à ma femme la tapisserie qu'ils lui ont promise à cause de son heureux accouchement de mon fils le Dauphin. »

Quand, dans la période héroïque de sa vie, l'idée lui vient de se faire catholique, le premier à qui il s'en ouvre est Sully. La scène est belle et plaisante à la fois, Sully nous l'a contée. A genoux, près du lit du roi, il écoutait en silence ; un monde de pensées roulait dans sa tête. Il allait répondre : le roi lui dit de réfléchir et le renvoie à trois jours de là. Le troisième jour venu, Sully, encore à genoux devant son maître, le remercie, lui la sagesse même et l'expérience, d'avoir eu foi en son serviteur, expose ensuite son avis, qui s'accorde avec celui du roi, et, une fois dit, le supplie de prendre du repos, et de l'envoyer coucher ; car, dit-il, « je mourais de sommeil, y ayant trois jours que je n'avais dormi ».

Et ainsi en toutes occasions. Sully, toutefois, qui avant tout chérissait la gloire de son maître, n'était pas un donneur d'avis complaisants. Pendant qu'on poursuivait à Rome la dissolution de son mariage avec Marguerite, le roi vient le trouver. Il lui dit l'état déplorable du royaume, et les compétitions des princes. La situation est telle qu'on n'en sortira pas, s'il « ne se dispose

à donner des enfants venant de lui à la France ».
Mais il frémit à l'idée de rencontrer une épouse
« laide, mauvaise et despite ». — Bon, dit Sully,
qui flaire quelque projet fâcheux, nous allons
mander aux bourgeois de nous envoyer leurs
filles nubiles ; Votre Majesté choisira à loisir.
Mais Henri ne se laisse pas distraire par la plai-
santerie. Il la veut — et il peut tracer son portrait d'après nature, car c'était au fort de sa passion pour Gabrielle, — il la veut belle, douce et
complaisante et qui lui puisse donner des fils.
« Voilà, s'écrie Sully, qui n'est pas facile à trouver. — Pas facile ! et que direz-vous si je vous
en nomme une ? » Sully, qui sent où le roi veut
en venir, répond par des balivernes et des gau-
loiseries, si bien que Henri, un peu honteux
toutefois, s'écrie : « O la fine bête que vous êtes ! »

Les choses ne se passaient pas toujours si
doucement. Quand Henriette d'Entragues eut
remplacé Gabrielle, Henri eut l'imprudence de
lui signer une promesse de mariage. Il va naturellement la montrer à Sully. — « Lisez cela,
et puis m'en direz votre avis. » Sully regarde et
soudain déchire le papier en deux pièces. « Comment, morbleu ! ce dit le roy, que pensez-vous
faire, je crois que vous estes fou ! — Il est vray,
sire, répond-il, je suis un fou et un sot, et vou-
drais l'être si fort que je le fusse tout seul en
France. »

Enfin, après qu'eurent été successivement écar-
tées les deux maîtresses, le roi se laissa persuader

par Sully d'épouser la fille du duc de Florence, Marie de Médicis. Il le commit avec Villeroy pour négocier le mariage. Quand tous les articles en furent signés, Sully l'alla trouver. « Nous venons de vous marier, Sire. » Sur quoy, disent ses secrétaires, le roi fut demi-quart d'heure resvant et se grattant la tête et curant les ongles, sans nous rien respondre; puis, tout soudain, il vous dit, frappant d'une main sur l'autre : « Hé bien! de pardieu, soit; il n'y a remède; puisque pour le bien de mon royaume et de mes peuples, vous dites qu'il faut être marié, il le faut donc estre. Mais c'est une condition que j'appréhende bien fort... je crains toujours de rencontrer une mauvaise tête qui me réduise à d'ordinaires contentions et contestations domestiques. » Et il arriva précisément ce qu'il redoutait. Marie de Médicis ne fut point une tendre épouse, si même elle ne fut pas une épouse infidèle. Henri, sans rancune, venait parfois mélancoliquement conter ses ennuis à Sully. La reine était froide, la reine était indifférente; la reine cabalait contre lui avec l'Espagne. Sully l'écoutait avec complaisance, et le réconfortait, et Henri se consolait avec lui en travaillant au bonheur de ses peuples, et, à la fin, en conspirant la ruine de cette maison d'Autriche, l'alliée de sa femme.

Il y eut là, dans leur vie à tous deux, une période de pleine et légitime jouissance, quand tranquilles et affermis au dedans, ils faisaient déjà le dénombrement de leurs forces, le calcul

de leurs chances et le remaniement des frontières. Que de fois l'Arsenal, où ils aimaient à
se promener des heures entières parmi les files
des canons, les vit s'entretenir et discuter, rêvant
à ces combinaisons infinies, qui reposaient tout
entières sur le génie de l'un et l'exactitude de
l'autre, et que le bras d'un assassin allait suffire
à déranger!

Sully, atterré, anéanti après la mort du roi,
resta encore quelque temps à la cour, partagé
entre le désir si naturel d'achever et de conso-
lider son œuvre et celui d'aller pleurer, dans
l'isolement, le passé qui s'écroulait. La cour
souhaitait son départ; Concini, le tout-puissant
favori, le lardait de ses sarcasmes et de ses ava-
nies; la régente redoutait à la fois sa présence
et son absence. Un beau jour, il prit son parti,
et, malgré l'opposition des siens, se désista de
la plupart de ses charges. Le roi lui assigna une
pension de 48,000 livres et lui fit un don de
300,000. Il se retira dans ses terres, visitant ses
châteaux, administrant son immense fortune et
écrivant ses *Mémoires*, pour revivre sa vie et
glorifier son roi (1).

Sa principale habitation était le château de
Villebon. Il y passait la plus grande partie de
l'année. Son train de maison était princier, son
genre de vie solennel, son gouvernement pa-
triarcal. On sentait planer le souvenir, on voyait

(1) V. à la fin de l'Introduction la *Notice sur les Écono-*
mies royales.

survivre les habitudes du précédent règne. La salle à manger était garnie d'immenses tableaux représentant les grandes actions de Henri IV. Lui-même portait au cou (en guise d'ordres que sa religion lui interdisait) une large médaille d'or à l'effigie de Henri. De temps en temps, il la prenait, s'arrêtait à la contempler et la baisait.

Il reparut quelquefois à la cour. Le jeune roi lui témoignait de la déférence. Mais les temps avaient changé, et au lieu d'humbles courtisans, mendiants de sa toute-puissance, il ne rencontrait plus, témoin attristé du passé, que de jeunes étourdis qui le raillaient de son accoutrement suranné. Un jour qu'il avait ainsi excité les rires : « Sire, dit-il, en se tournant vers Louis XIII, quand le feu roi votre père me faisait l'honneur de m'appeler auprès de sa personne, pour s'entretenir avec moi sur ses grandes et importantes affaires, au préalable, il faisait sortir les bouffons. » Appelé par de Luynes, qui, par l'effet d'une prompte réaction, continuait sa politique, il prit part en 1621 aux sièges de Montauban et de Saint-Jean d'Angely. Mais Richelieu ne l'aimait pas et le tint à l'écart. On le fit, par grâce, en 1634, maréchal de France, et il eut la joie suprême de voir le triomphe de nos armées. Il mourut a Villebon le 22 décembre 1641, âgé de quatre-vingt-deux ans.

La postérité a porté sur Sully des jugements très différents et presque tous également partiaux. Richelieu, qui ne l'a pas connu dans son

beau temps, et l'a vu vacillant et irrésolu, en a
parlé avec sévérité et même avec injustice. Le
tout-puissant ministre de Louis XIII ne pouvait
comprendre le ministre en somme docile et sou-
mis de Henri IV. Ceux de Louis XIV ne furent
pas plus équitables : le maître n'aimait pas qu'on
lui rappelât son aïeul ; eux n'aimaient pas se souvenir de leur devancier.

Il faut arriver au milieu du xviiie siècle, pour
trouver une note sympathique à Sully. Sympathie
dévoyée au reste. On le parait de vertus qu'il
ignorait et qu'il dédaignait. C'était le temps où
les amis de Choiseul, voulant le flatter, lui en-
voyaient, dans son exil à Chanteloup, des taba-
tières où son portrait faisait pendant à celui du
ministre de Henri IV. On en faisait un philo-
sophe. On l'affublait à la Turgot. Ce n'était plus
Sully.

Ce n'est que de nos jours que l'on a parlé de
lui comme il convenait.

Sully n'avait ni le génie ailé ni les vertus
sublimes. Son tempérament et ses aptitudes
étaient d'un subordonné. Il vivait avec son temps
et en avait presque tous les préjugés et les er-
reurs. Il aimait la justice, mais il respectait la
puissance, et il soignait son intérêt. Quand il
fait rendre gorge aux concessionnaires, il lui
arrive de ménager les grands seigneurs et les
amis particuliers du roi. Il cherche le progrès,
et il y aide ; mais il ne va pas d'un bond à
l'extrême des perfectionnements, et de deux in-

novations il préfère, retenu par une prudence
admirable, non la plus ingénieuse, mais la
moins éloignée de la pratique en vigueur. Sa
haute fortune est le fruit d'un labeur patient et
d'une invincible probité. En d'autres temps et
sous un maître plus appliqué ou moins doué,
qui aurait forcément cherché dans un ministre
des qualités plus brillantes, il aurait pu vivre
très humble et très ignoré. Son exactitude et son
application, vertus bourgeoises, se sont trouvées
être une force de gouvernement à cette heure
précise et avec un tel prince. Il a eu la chance de
compléter un grand roi, c'est ce qui en a fait un
grand ministre.

Mais les vertus patientes et secondaires que
j'ai dites n'y eussent peut-être pas suffi. Deux
choses surtout l'ont fait entrer dans la gloire.
Cet homme, jaloux des grands, méprisant les robins, aimait le peuple; avec lui, sa rudesse s'a-
doucissait. Il avait pitié de cette poussière humaine qui s'agite bien au-dessous des rois et
que la cour ne connaît que pour la fouler. Et
aussi, il portait en lui un sûr instinct qui déjà
lui faisait distinguer l'intérêt du roi et l'intérêt
du pays, et défendre, quand il le fallait, la France
contre son maître. Et c'est cette notion de la patrie, confuse avant et encore obscure après lui,
qui lui a valu la plus pure renommée et lui a
assuré une place parmi les meilleurs serviteurs
du pays.

JOSEPH CHAILLEY.

NOTICE

———— ——

Les *Économies Royales* sont des mémoires ; mais des mémoires d'une forme insolite et unique en leur genre. Par leurs dimensions et leur appareil, elles sont bien les mémoires du ministre, qui, pendant plus de vingt ans, a connu ou dirigé toutes les affaires de la France, du serviteur fidèle et de l'ami dévoué d'Henri IV, de l'homme à la mémoire tenace, aux discours diffus, à la vanité démesurée, aux allures solennelles, qui, dans sa retraite, se repaît du passé, se glorifie de la place qu'il y a tenue, et veut en laisser à la postérité le témoignage indiscutable. On y rencontre de tout, grands faits ou menus incidents ; les préambules, les explications, les récits s'y déroulent abondants et même prolixes ; les questions personnelles s'entremêlent aux plus hautes questions d'État ; un monument admirable y est dressé en l'honneur du roi et une statue en pied en l'honneur de son ministre.

Sully, cependant, n'en apparaît point comme
l'auteur principal ; on y sent son intervention
active ; ce n'est pas lui qui tient la plume.

Non qu'il soit inhabile à la tenir ; il a rédigé
pour son roi tant d'interminables états ou mémoires. Mais, peut-être, veut-il pouvoir affirmer
qu'il n'écrit pas ses mémoires et, en effet, il les fit
plus tard imprimer secrètement dans son château même ; peut-être les veut-il plus louangeurs
qu'il n'oserait les faire lui-même ; car ils sont
écrits, on nous en avertit expressément, à
l'exaltation de « M. de Sully » ; peut-être, enfin,
convient-il mieux à la pompe extérieure de sa
vie, de ne pas s'abaisser aux misères du métier
de scribe, et de laisser rédiger par d'autres cette
histoire qu'il a faite.

Il remet donc à ses anciens et scrupuleux
secrétaires tous ses papiers et documents. Et il
en a d'innombrables : chapitres autographes,
pièces originales, copies relevées par avance,
brouillons informes, feuilles « en plusieurs lieux,
estant attachées d'épingles », etc., etc. Avec
tout ce fatras, ils rédigèrent ses mémoires.
Sans doute, au besoin, ils viendront le consulter
sur tel point obscur, interroger sa mémoire sur
tel souvenir confus, ou lui soumettre la rédaction d'un passage délicat. Mais il sera étranger
à la besogne matérielle ; et, le soir venu, s'il est
de loisir, assis dans son grand et haut fauteuil
d'où il domine la vaste salle, il écoutera, silen-
cieux et satisfait, les récits inspirés et contrôlés

par lui, et qui semblent n'avoir été dressés que pour lui seul, pour l'aider à revivre le passé. L'effet est étrange; ses secrétaires lui disent : Vous et Votre Grandeur; ils lui rappellent ce qu'il fit tel jour, ce qu'il dit et conseilla en telle occasion. « Il vous arriva, écrivent-ils, le vingt-« quatrième jour d'août;... le roi vint à vous et « vous dit... » Quelquefois, ils le font souvenir de choses que personne, hors lui, n'a pu savoir. « Il vous print par la main, vous mena dans un « jardin tout seul, fit fermer la porte et y fit « tenir des archers de la garde, afin que nul « n'entrât; et, en se promenant, il vous réï-« tera... » Et leur maître, ainsi *ramentevé*, doit feindre de se souvenir.

La politique intérieure et extérieure, les affai-res privées du roi et de Sully, les questions de finances, de commerce, d'agriculture; les gros scandales et les petits *potins*, tout s'y déroule sur ce ton et par ordre chronologique. Le plus souvent, le récit est exact et sincère. Sur quelques points seulement, on a voulu élargir ou ennoblir le rôle de Sully; certaines pièces ont été inter-polées; certaines lettres du roi, pour paraître plus familières et plus honorables, ont été modifiées. Somme toute, malgré ces petits dé-fauts, c'est le document le plus complet et le plus sûr que l'on puisse consulter sur cette époque. A divers égards, Sully, pour Henri IV, vaut Saint-Simon pour Louis XIV.

Le titre intégral de l'ouvrage est en har-

monie avec le mode original de rédaction
Dans l'édition primitive de 1638 il est libellé :
« *Mémoires des sages et royales esconomies d'es-*
« *tat, domestiques, potitiques et militaires de*
« *Henry le Grand, l'exemplaire des rois, le prince*
« *des vertus, des armes et des lois, et le père, en*
« *effet, de ses peuples françois,*

   « *Et des servitudes utiles, obéïssances convena-*
« *bles, et administrations loyales, de Maximilian*
« *de Béthune, l'un des plus confidens, familiers*
« *et utiles soldats, du grand Mars des François;*

   « *Dediez à la France, à tous les bons soldats*
« *et tous peuples François.* »

L'ouvrage, incomplet d'ailleurs (il n'allait que
jusqu'en 1605), formait déjà deux gros volumes
in-folio. Une nouvelle édition, incomplète encore, mais tirée à un grand nombre d'exem-
plaires cette fois, en fut faite en 1647; les deux
derniers volumes parurent en 1662. Souvent
réimprimées, remaniées au xviiie siècle par
l'abbé de l'Écluse, qui les mit en un style plus
facile, les *Économies Royales* figurent dans la
*Collection des mémoires relatifs à l'histoire de
France* de M. Petitot et dans celle de MM. Michaud et Poujoulat; dans cette dernière, elles sont
représentées par deux volumes in-8°, à deux co-
lonnes, ensemble de 1,200 pages, portant les nu-
méros XVI et XVII.

De cette masse énorme de documents d'un
haut intérêt, nous n'avons guère extrait que ce
qui se rapporte aux finances, au commerce, à

l'agriculture, etc. Et, là encore, nous avons dû nous restreindre et choisir. De plus, pour relier tant de passages épars et donner de l'unité à ce petit livre, nous l'avons arbitrairement divisé en : livres, chapitres et sections, renvoyant, pour chaque citation, au lieu même d'où elle était tirée. Un pareil travail est assez ingrat, comme on en peut juger, il ne nous a cependant pas permis — car ce que nous avons cité est peu de chose à côté de ce qui reste — de donner toute la « moelle substantificque » de l'ouvrage, et nous ne pouvons que renvoyer le lecteur au texte même des *Économies Royales*.

J. C.

ÉCONOMIES ROYALES

LIVRE PREMIER

SITUATION DU ROYAUME A L'AVÈNEMENT DE HENRI IV.

CHAPITRE PREMIER
Détresse du royaume.

« Nous voyons nos sujets réduits et proches de tomber en une imminente ruine pour la cessation du labour presque générale en notre royaume... Les vexations auxquelles ont été en butte les laboureurs leur ont fait quitter et abandonner non seulement leur labour et vacation ordinaire, mais aussi leurs maisons; se trouvant maintenant les fermes censes et quasi tous les villages inhabités et déserts (1). »

(1) Ce passage n'est pas extrait des *Économies royales*, mais du préambule de l'édit du 16 mars 1595.

1

§ 1. — Quoy que ce soit, estant peu apres monté
en vostre carrosse, vous vous en allastes au Louvre, où vous trouvastes le Roy dans sa petite chambre au delà de son cabinet aux oyseaux, ayant sa
robe, son bonnet et ses botines de nuict, se promenant à grands pas, tout pensif, la teste bais-
sée, les deux mains derrière le dos ; plusieurs de
ses serviteurs desjà arrivez devant vous, ap-
puyez tout droit contre les murailles sans se rien
dire les uns aux autres, ny que le Roy parlast à
eux ny eux à luy, lequel ne vous eut pas plutost aperceu entrer qu'il s'advança vers la porte,
et vous posant, selon sa coutume, l'une de ses
mains sur l'une des vostres, en vous la serrant,
s'escria en voix plaintive tout haut : « Ha ! mon
« amy, quel malheur ! Amiens est pris. — Com-
« ment, Sire, Amiens pris ! luy repartistes vous.
« Hé, vray Dieu ! qui peut avoir pris une si
« grande et si puissante ville, et par quel moyen ?
« — Les Espagnols, vous dit-il, s'en sont saisis
« par la porte, en plain jour, pendant que ces
« mal-heureux habitans, qui ne se sont peu
« garder et n'ont pas voulu que je les gardasse,
« s'amusoient à se chauffer, à boire et ramasser
« des noix que des soldats, desguisez en paysans,
« espandoient exprés prés du corps de garde. —
« Or bien, Sire, luy dites vous, je voy bien que
« c'est une affaire faite, à laquelle les blasmes
« d'autruy ny les plaintes de nous ne sont pas
« capables d'apporter remede ; il faut que nous
« l'esperions de vostre brave courage vertu et

« bonne fortune ; car, à quelque prix que ce soit,
« il nous le faut reprendre : aussi n'est-ce pas la
« premiere fois que vos affaires estans bien en
« pire estat, je vous ay veu parachever des choses
« plus difficiles. Vivez seulement, portez vous
« bien, melancoliez poinct, mettez les mains à
« l'œuvre, et ne parlons tous ny ne pensons plus
« qu'à prendre Amiens ; et moyennant cela j'ose-
« rois répondre d'un heureux succez.

« — A la vérité, dit le Roy, ce que vous dites
« n'est pas du tout sans apparence, aussi ay-je
« esté grandement consolé par un tel langage,
« car nul ne m'avoit dit parole qui ne ressentist
« sa plainte, sa douleur, voire quasi son déses-
« poir. Et neantmoins, afin de ne bastir pas des
« chasteaux en Espagne, mais de pouvoir promp-
« tement dénicher les Espagnols qui en ont pris
« en France, dites moy un peu sur quoy vous
« fondez de tant indubitables esperances que vous
« nous les voulez faire prendre, et où pensez
« vous recouvrer en bref les forces et moyens
« pour reprendre une si grande et si forte ville
« et si bien munie ? car, comme vous le sçavez
« aussi bien que moy, toutes nos pieces d'artille-
« ries, munitions, vivres et outils que nous avions
« assemblez, voire mesme si peu d'argent que
« nous avions reservé de celuy que vous m'aviez
« fait venir par vostre voyage aux generalitez
« estoient dans cette place ; et ne faut point dou-
« ter (car c'est ce que je ferois si j'estois en leur
« place) que les ennemis ne jettent hors d'icelle

« toutes les personnes qui ne leur pourront de
« rien servir, et au lieu de ces bouches et habi-
« tans inutiles, ne la remplissent d'une grande
« quantité de bons capitaines et de leurs meil-
« leurs et plus aguerris soldats, auquel cas ils
« ne manqueront pas de nous faire d'aussi fu-
« rieuses sorties que fit jamais le feu admiral
« de Villars, vostre bon amy, au second siege de
« Roüen.

« Sire, luy respondistes-vous, je voy bien que
« tout ce que vous alleguez a beaucoup de vray-
« semblance, et que vos paroles ressentent l'ex-
« cellence et parfait jugement d'un grand roy et
« d'un grand capitaine; et neantmoins si ne faut-
« il pas perdre courage, mais s'affermir, voire
« s'opiniastrer dautant plus que les difficultez
« paroissent grandes; car c'est par tels moyens
« que Vostre vertu s'est renduë tant illustre, et
« que vostre Majesté s'est acquis une tant glo-
« rieuse renommée parmy les nations, et n'y a
« point de doute, je l'ose dire encor une fois, que
« si tout ce qu'il y a de bons François se veut
« évertuer et y contribuer, les uns leurs coura-
« ges et leurs moyens, et les autres l'un ou l'au-
« tre selon leur puissance, ainsi que je vous pro-
« mets bien de n'y manquer pas de mon costé,
« que nous recouvrirons en bref, soldats, argent,
« canons, vivres, munitions, instruments et au-
« tres provisions convenables pour reprendre
« Amiens, et peut-estre faire encor quelque
« chose de mieux.

« — N'allons pas si viste, dit le Roy, car cet ou-
« vrage seul équipole bien, ce me semble, nostre
« portée ; et partant voyons un peu où vous pre-
« tendez prendre tout cela : aussi par vostre foy
« croyez-vous que cela soit si facile que vous le
« faites, ou si vous le dites pour relever les cou-
« rages d'un chacun? car, pour vous dire ce que
« j'en pense, je le tiens un peu plus difficile. —
« Ouy, Sire, respondistes-vous, je croy certaine-
« ment tout ce que j'ay proposé, et ne l'ay dit ny
« par jactance ny vanité ; et pour vous le tes-
« moigner, sans plus consumer le temps en dis-
« cours, plaintes, ny paroles vaines, permettez
« que j'aille en mon logis chercher argent parmy
« mes papiers ; car je m'asseure de vous apporter
« des moyens pour en recouvrer, car il en faut
« avoir n'en fust-il point, estant raisonnable de
« n'espargner personne, puis que tous les gens de
« bien et vrais François ont interest de ne laisser
« pas ainsi une telle taniere d'ennemis irrecon-
« ciliables, pires que bestes farouches, si pro-
« ches de la capitale du royaume, et vaut mieux
« comme l'on dit en commun proverbe, pays
« ruyné que pays perdu.

« Je louë vostre resolution, dit le Roy, et vous
« sçay bien gré des bonnes esperances d'un heu-
« reux succez que vous prenez et voulez essayer
« de faire prendre aux autres ; mais tout cela ne
« sont que langages et papiers, et le mal qui
« nous presse n'est pas, comme je vous en ay dit
« un mot, de la qualité de ceux qui se gueris-

« sent par paroles, escriteaux et billets, ni par
« seaux, ny par signatures, desquels l'on dispose
« comme l'on veut; car il n'y a rien si aisé,
« comme vous le sçavez quelquefois si bien dire,
« au chancelier et aux secrétaires d'Estat, lors
« qu'ils veulent egaler leurs labeurs et leurs
« services à ceux qui se meslent des armes et
« d'amasser argent, que de faire signer et scel-
« ler; mais cela ne produit pas tousjours, et à
« poinct nommé, une certaine matiere d'or qui
« ne se laisse pas attraper pour la desirer, ny
« des armes, artilleries, vivres, munitions et
« soldats courageux, disciplinez, appropriez aux
« fatigues d'un grand siege, comme tout cela
« nous est necessaire. Et partant voyons ce que
« produira cette bonne volonté que vous tes-
« moignez : car quant à vostre esprit, j'advoüe
« qu'il est actif et inventif, et que vous ne man-
« quez pas de dilligence ny d'industrie. — Or
« bien, Sire, distes-vous, ce n'est que trop dis-
« couru pour un homme auquel il vous plaist de
« donner telle loüange, plustost neantmoins se-
« lon mon advis pour m'encourager que pour
« en estre digne; et partant, sans plus repliquer,
« je vous dis adieu, et m'en vay travailler de
« façon que Vostre Majesté cognoistra ma dili-
« gence, affection et loyauté. »

Et sur cela estant sorty du cabinet du Roy,
vous-vous en allastes à vostre logis, où, après
avoir bien feuilleté tous vos memoires et papiers,
et vous estre à bon escient alambiqué l'esprit

aprcs toutes sortes d'inventions, vous ne pustes trouver moyens plus prompts pour tirer de l'argent (ne voulant nullement surcharger le peuple de la campagne, pour estre trop pauvre comme c'estoit là l'opinion des riches, afin de s'exempter) que de faire contribuer les plus opulens ; et, pour cet effet, vinstes vous proposer au Roy en particulier, premierement, de demander une decime ou deux à messieurs du clergé, de créer quatre conseillers en chaque cour souveraine, quatre maistres de comptes en chaque chambre, deux tresoriers de France en chaque bureau, deux conseillers en chaque siege royal, deux esleus en chaque eslection. Et d'autant que l'execution d'une partie de telles choses pourroit tirer en longueur, et que le peril consistoit au retardement, faire promptement un emprunt *sur tous les plus aysez*, tant de la Cour que des grandes villes, assignant leur remboursement et l'interest de leur prest sur une amelioration de douze cens mil livres que vous aviez faites en la ferme des gabelles, et des cinq grosses fermes, et le reculement d'une demie année des debtes que l'on payoit aux partisans du temps du roy Henri III, requerir aux provinces de l'Isle de France et Berry, jointes ensemble à celle d'Orléans et Touraine, aussi jointes, et à celle de Normandie, seulement trois regimens de quinze cens hommes chacun, qui porteroit le nom d'icelles sous tel mestre de camp qu'elles voudroient nommer, entretenus pour trois mois du jour de leur arri-

vée au siege, jusques à leur partement; faire
faire une augmentation de quinze sols pour minot de sel, qui seroit continuée apres l'occasion
passée pour la suppression des officiers que l'on
jugeroit les plus en charge; faire expedier une
commission pour la recherche de toutes malversations commises en finances, ne doubtant point
que, pour en eviter l'execution, les officiers puissans ne la fissent bien tost commuer en une contribution par forme de prest à jamais rendre; et
adjouster un triennal à tous officiers de finance,
ancien et alternatif (1).

Lettre de la main du Roy à M. de Rosny (2).

§ 2. — Mon amy, je vous faits ce mot par Gui-
chard, l'un de mes valets de chambre, pour vous
dire qu'incontinent et au plutost qu'il vous sera
possible, vous donniez ordre, suivant ce qui avoit
esté resolu avant mon partement de Paris, que
les quatre mil escus, destinez pour mon artillerie, soient envoyez icy ; car, à faute de cela, je
prevois beaucoup de mal, s'en estant allé d'aujourd'huy desja cinq canonniers et les autres
officiers ne voulans servir sans argent. Donnez
aussi ordre à ce qu'il faut pour mes escuries;
c'est pitié de voir comme je suis de ce costé là,
comme aussi à ce qui est nécessaire pour mes
habillemens, d'autant que je suis tout nud ; et

(1) XVI, 247, année 1597.
(2) XVI, 257.

il me semble qu'il n'est pas raisonnable que m'employant, comme je fais, pour le salut de la France, je sois ainsi traité. Je vous recommande ces trois choses-là et vous prie de les affectionner si vous m'aimez et desirez me faire service agreable. Adieu, etc.

Au camp devant Amiens, ce 8 juillet 1597.

HENRY.

Lettre du Roy à son conseil (1).

§ 3. — Il est necessaire aussi que nous recevions les vingt mil escus de ma bonne ville de Paris, à temps, pour pouvoir faire monstre à nos Suisses, lesquels ont perdu des soldats depuis ce siege, comme ont fait les autres, que l'on sera contraint de leur payer jusques à ce qu'ils ayent fait ladite monstre. Partant si lesdits deniers n'estoient prests, comme il me semble avoir appris par lettres du sieur d'Incarville, qu'ils sont, prenez ladite somme de ceux que vous avez assemblez pour le sixiesme mois de mon armée, et me l'envoyez en diligence, avec dix ou douze mil escus, pour fournir à infinies despences pressées et inévitables, qui se presentent journellement; et pour ausquelles pourvoir j'ay esté contrainct d'emprunter de madame de Beaufort, quatre mil escus qu'elle avoit fait apporter icy,

(1) XVI, 261, 1597.

lesquels je vous prie faire rendre par delà au sieur Pujet, à la reception de la presente, car je l'ay ainsi promis et desire qu'il n'y ait point de faute, vous priant de croire que lesdits deniers ont esté bien employez, comme seront tous ceux que vous nous envoyerez, car il ne s'en débourse rien que par mes commandemens; et en feray voir la despence au sieur de Rosny quand il sera icy; vous en aurez aussi l'estat au premier jour.

§ 4. — La necessité des soldats est telle que j'ay resolu leur monstre au penultiesme ou dernier de ce mois; il faut que l'argent de ladite monstre soit à Compiegne au mesme jour. Donnez ordre qu'il y soit envoyé. Si toute la somme n'est assemblée, que l'on envoye ce que l'on pourra par la premiere voicture et dans ledit jour, et le reste à mesure qu'il se recevra; mais il n'y faut manquer, car de là despend la ruyne ou la conservation de mon armée.

Au camp devant Amiens, le 27 juillet 1597 (1).

HENRY.

§ 5. — Il ne faut pas faire apporter ici lesdits deniers qu'il ne soit temps de les employer, car il y a tant d'affamez icy comme ailleurs, que s'ils sçavoient que nostre bourse fust plaine, ils ne cesseroient de m'importuner pour y mettre les doigts et me seroit difficile de m'en defendre. Il faut assembler par delà nos deniers, les mettre et garder dedans nos coffres, en faire la meilleure provision que nous pourrons et la tenir secrette pour la faire apporter icy quand il sera temps et besoin de l'employer. Voilà mon intention et la raison d'icelle, laquelle vous tiendrez la main qui soit suivie; mais vous avez bien fait de vous estre opposé à la demande et poursuite de Mortier, car je n'entends point mesler des parties de mascarades avec les deniers destinez pour mon armée. Ne permettez donc que cela ait lieu. Je prie Dieu, etc. (1).

Escrit au camp devant Amiens, le 18 aoust 1597,

HENRY. Et plus bas, DE NEUFVILLE.

Lettre de la main du Roy à M. de Rosny (2).

§ 6. — Mon amy, suivant ce que je vous ay cy-devant escrit de pourvoir à ce qu'il fut baillé fonds au maistre de ma chambre, aux deniers pour les passez de ma maison durans les mois derniers et nostre siege, je vous fais encor ce mot à mesme fin, ayant donné charge au sieur de Mont-glat, mon premier maistre d'hostel, de vous en solliciter; car il m'a asseuré qu'autrement, à faute de cela, ma marmite est preste de

(1) XVI, 261.
(2) XVI, p. 263.

donner du nez à terre, et cela me viendroit fort mal à propos. Cette-cy n'estant à autre fin, etc.

D'Amiens ce vingt-sixiesme septembre 1597.

HENRY.

Lettre de la main du Roy à M. de Rosny (1).

§ 7. — Mon amy, sur ce que j'ay esté adverty que ma marmite est preste de tomber et donner du nez en terre, ce qui me viendroit fort mal à propos en ce lieu et en cette occasion, s'il n'y est promptement pourveu, attendu mesmement que, durant le siege d'Amiens, la despense de ma maison a monté plus que l'on ne pensoit, et qu'il n'y a moyen qu'en prenant l'argent du marc d'or qu'ont payé ceux qui ont esté pourveus des estats que j'ai fait créer, je vous ai bien voulu faire ce mot de ma main, pour vous dire qu'en creant lesdits offices je n'ay pensé à faire les affaires d'autruy, ains les miennes. C'est pourquoy je veux que l'argent provenu dudit marc d'or, soit employé au payement des despenses faites en ma maison et advancées par ceux qui m'ont servy en cette occasion; à quoy vous tiendrez la main comme chose que je veux et que j'affectionne. Je vous recommande aussi l'affaire du controolleur general Parfaict, duquel je vous ay cy-devant escrit. Sur ce, Dieu vous ayt, etc.

Ce 11 octobre, au camp de Beauval devant Dourlans.   HENRY.

(1) XVI, p. 260.

§ 8. — A quoy chacun ne repliquant rien, le Roy
dit qu'il voyait bien que ses advis seroient en fin
les meilleurs, mais que jugeant bien luy mesme
que n'estans pas tous d'esgale facilité en l'execution, aussi ne pretendoit-il pas de s'en servir que
subsidiairement les uns après les autres, selon
que la necessité le pourroit requerir, et vouloit
que l'on commençast par les prests les plus aysez, tant pource que ce seroit l'argent le plus
prompt pour employer aux provisions et preparatifs du siege, que pour recognoistre pour les
meilleurs François et qui luy porteroient le plus
d'amitié ceux qui plus librement se taxeroient
eux mesmes, et payeroient volontairement une
bonne somme, aimant neanmoins peu, de cette
façon, que beaucoup par force : à quoy nul ne
devoit manquer puis qu'il avoit ordonné un fonds
certain (comme ceux de son conseil pourroient
certifier), par le moyen duquel ils seroient tous
remboursez dans deux ans avec l'interest de
leurs deniers, dont afin qu'ils doutassent moins,
il leur en donnoit d'abondant sa foy et sa parole,
à laquelle il aymeroit mieux mourir que de manquer, comme il n'avoit encor jamais fait ; vouloit
que l'on continuast apres par les quinze sols
pour minot de sel, l'establissement de tous comptables triennaux, et la commission pour la recherche des malversations aux finances, ce qui
fut finalement conclud et si bien executé, tant
les paroles et la presence du Roy eurent de
vertu, que l'on tira trois cens mil escus de *prests*

volontaires, environ douze cens mil escus des
triennaux, et autant des financiers, qui ayme-
rent mieux venir à composition et contribuer
cette somme par forme de prest à jamais rendre
(en laquelle tous les tresoriers de France furent
compris) que de souffrir cette recherche (1).

(1) XVI, p. 249, année 1597.

CHAPITRE II

Causes de cette détresse.

SECTION I

POLITIQUE DES RÈGNES PRÉCÉDENTS.

§ 1. — .... La premiere, que tous les principaux revenus de son royaume avoient esté engagez, depuis cent ans, à diverses personnes, dont il y en avoit de fort puissantes, partie d'iceux en vertu de droicts mal fondez, d'autres en vertu de dons, d'autres pour recompenses de plusieurs services, d'autres par finances supposées, d'autres par finances deboursées, mais le tout à si vil prix, qu'il y auroit un grand mesnage à faire là dessus.

La seconde instruction par vous prise, que vous fistes aussi bien comprendre au Roy, fut que tous ceux des conseils des roys des temps passez et presens, leurs mignons, favoris, administrateurs d'affaires, tous les plus authorisez officiers en la Cour, et des cours souveraines, et plus puissans corps des villes, estoient tous intelligens et participans des abus qui s'estoient commis aux engagemens des domaines, et constitutions de rentes sur les aydes, tailles, gabelles, grosses fermes et principaux revenus du royaume.

Et pour la troisiesme, que les dispositions des despences ordinaires estoient, la pluspart, faites avec de tels embarras, grands desordres, confusions et profusions, que l'on n'y cognoissoit quasi rien, d'autant qu'il y avoit plusieurs grandes despences des années passées et de la presente, assignées sur les receptes des deux années suivantes, et encore tout cela, aussi bien que les despences du courant, par le moyen de simples rescriptions, non causées, libellées, ny designées, estans quasi toutes payables comptant au porteur d'icelles. Desquels abus neantmoins vous vous servistes fort utilement au grand profit du Roy, et advantageusement pour vostre reputation, parce qu'ayant rassemblé toutes telles rescriptions, vous contraignistes par corps les receveurs et fermiers de les payer argent comptant, encore que la pluspart ne le fussent que dans deux ou trois mois; et fistes de tout cela une somme de dix-huict cens mil livres, que vous fistes voicturer au Roy à Roüen. Ce qui réjouyt tellement Sa Majesté (car elle confessa de n'avoir jamais eu une si grande somme toute à sa disposition) et abaissa si bien le babil de tous ceux qui vous accusoient d'ignorance aux finances, que peu à peu ils vous en quitterent la superintendance (1).

(1) Voir *Économies royales*, t. XVII, p. 101.

SECTION II

RAPINES ET CONCUSSIONS.

§ 1. — Il a esté parlé és années precedentes, de plusieurs affaires et amesnagemens par vous entrepris pour ameliorer et bonifier les revenus du royaume, et diminuer, retrancher et acquitter les debtes de la couronne, et celles des provinces, villes et communautez qui en estoient presques accablées, et comme ayant fait gouster au Roy ces propositions, il en avoit remis à vostre prudence toute la conduite, ensemble la nomination des commissaires que vous aviez choisis d'entre ceux du conseil des cours souveraines, maistres des requestes et tresoriers de France, et autres officiers, selon que vous les aviez estimez plus intelligens, fideles, laborieux et moins interessez, eux et leurs amis, en toutes les recherches, verifications et reglemens qu'il conviendroit establir pour en tirer les fruicts attendus, pour lesquels il fallut employer plusieurs années avant que d'y parvenir : ce qui nous en fera remettre le recit aux temps des effets, nous contentans pour le present de vous ramentevoir que l'on travailla à la verification des alienations et usurpations des domaines du Roy, des rentes constituées sur les tailles, gabelles, decimes, aydes et autres impositions, et des creations de debtes, tant sur le Roy, que sur les villes, pays et communautez : toutes lesquelles alienations,

rentes et debtes se trouverent monter, dès cette
année 1605, à plus de cent cinquante millions
en principal, et qu'elles appartenoient ou avoient
esté venduës pour la pluspart, par ceux mesmes
qui avoient esté commis pour les verifier. Ce
que le Roy ne pouvoit croire jusques à ce que
vous luy eustes fait voir un état bien signé de
tous ceux qui étoient interessez dans les partis
du sel, qui avoient esté faits pendant le regne
du roy Henry III, et mesme une association de
M. d'O avec les partisans, lesquelles deux pieces
nous avons estimé à propos d'inserer en ce lieu,
estans telles que s'ensuit :

*Un des estats recouverts en l'année 1605, des
personnes de la Cour et du conseil qui
avoient esté interessées au parti du sel, du
temps de Champin et Noël de Here.*

Et premierement, madame de Joyeuse, sœur
de la Reine, pour   150,000 escus.
Plus, M. de Joyeuse pour   160,000
Plus, M. d'O, en deux par-
ties, pour   65,000
Plus, M. le chancelier de
Chiverny, pour   70,000
Plus , M. de Villequier,
pour   70,000
Plus, M. de Chenailles, in-
tendant, pour   80,000
                                    _____
          A reporter....   595,000 escus.

Report......	595,000 escus.
Plus, M. Brulart et son commis, pour	33,000
Plus, M. de Schomberg, pour	68,000
Plus, M. Zamet, en deux parties, pour	70,000
Plus, M. de Pont-carré, pour	25,000
Plus, M. Mallier, pour	30,000
Plus, M. de Roissi, pour	20,000
Plus, M. le comte de Fiesque, pour	20,000
Plus, M. de Combault, pour	22,000
Plus, M. de Videville, pour	70,000
Plus, M. Miron, pour	25,000
Plus, M. de Gondy, pour	62,000
Plus, M. Almeras, pour	22,000
Plus, M. de Cherelles, pour	29,000
Plus, M. Amiot, pour	16,000

SOMME 1,107,000 escus (1).

Association de M. d'O avec les partisans du sel.

§ 2. — Nous François d'O, chevalier de l'ordre du Roy, capitaine de cent hommes d'armes de ses

(1) XVII, p. 16.

ordonnances, gouverneur pour Sa Majesté des villes et château de Caën ; apres avoir veu, leu et entendu l'association faite par nobles hommes Jean Allemant, sieur du Guepean, Claude Aubery, notaire et secretaire du Roy, et Claude de La Bistrate, bourgeois de Paris, à Anthoine Faschon, aussi notaire et secretaire du Roy, d'une cinquiesme partie en la moitié du bail fait par Sa Majesté à Noël de Here, bourgeois de Paris, pour le fournissement general des greniers à sel, ferme de broüage, et partis que tenoit cy-devant maistre Jean Baptiste de Champin, ainsi qu'il est mentionné en ladite association, dont copie est cy-dessus transcrite : confessons avoir plaigé et cautionné, et par ces presentes nous plaigeons et cautionnons iceluy Faschon, cy-devant nommé pour ladite cinquiesme en la moitié audit bail, pour l'entretenement des promesses et obligations mentionnées en ladite association, pource qu'il appartient à la part dudit Faschon, envers lesdits Allemant et Aubery et de La Bistrate, et par lequel Faschon nous faisons nostre propre fait et debte, et nous obligeons avec luy, un seul et pour le tout, sans division ny discution.

Fait à Paris, le 27 octobre 1585.

FRANÇOIS D'O.

§ 3. — …. Tellement que le royaume fut par cette souslevation, en forme de ligue, jetté dans un désordre et saccagement universel ; auquel miserable estat ayant esté trouvé par le roy Henry le

Grand, à son advenement à la couronne, il n'avoit pas esté en sa puissance, quelque prudent, intelligent et courageux qu'il fust, bonne volonté qu'il eust, habilité, suffisance et loyauté qui pust estre en un administrateur de finances bien choisi, de le pouvoir en peu de temps restablir ; et par conséquent bien moins par l'entremise de ce grand nombre de superintendants des finances, avec apparence d'une semblable puissance, qui estoient neuf nommez : à sçavoir, messieurs de Nevers, de Chiverny, de Rets, de Matignon, de Sancy, de Schomberg, de Messes, Forget et La Grange-le-Roy, et huict intendans, à sçavoir : les sieurs d'Incarville, d'Heudicour, Marcel, des Barraux, Guibert, Atichy, Senteny, et Vienne, la pluspart de tous lesquels estoient gens adonnez à leur profit particulier, ou confus, profus, joüeurs, avares, grands despenciers, accablez de debtes, pretendans que le Roy leur devoit de grandes sommes, ou qui estoient interessez avec les fermiers ou partisans du royaume : tellement qu'au lieu de s'employer avec diligence et sincerité au retablissement des choses et des ordres qui en avoient grandement besoin, tout leur plus grand concert et industrie fut de faire vendre quantité des aydes, impositions et autres revenus du royaume, afin d'en retirer promptement les deniers pour se payer de ce qu'ils pretendoient leur estre deub par le Roy, et d'en acquiter leurs debtes plus pressées (1).

(1) XVII, 96.

§ 4. — *Les debtes à quoy montent tous les traictez faits pour réductions de pays, villes, places et particuliers, en l'obeyssance du Roy, afin de pacifier le royaume.*

A M. de Lorraine et autres particuliers, suivant son traicté et promesse secrettes.   3,766,825 livres (1).

A reporter...   3,766,825 livres.

(1) Deux autres états ont été publiés sur le même sujet, l'un, par Pierre Dupuy, dont le total est identique à celui de Sully, l'autre, par Groulart, un des notables du Conseil de Rouen, en 1596 (V. *Voyages en cour*, publiés dans la *Collection des mémoires relatifs à l'histoire de France*, Michaut et Poujoulat, t. XI, p. 568, 569) dont le total s'élève seulement à 6,467,596 écus, soit 19,402,788 livres. Cet écart considérable provient de ce que Groulart, admis, comme membre du conseil des notables, à voir les contrats publics intervenus entre le roi et les principaux ligueurs, n'a pas su, comme Sully, les contrats secrets. M. de Lorraine stipule publiquement 900,000 écus, soit 2,700,000 livres. Mais, soit pour lui-même, soit pour diverses personnes, il exige des promesses secrètes, montant à plus d'un million de livres. Aussi, là où Goulart inscrit 2,700,000 livres, Sully en met 3,736,825. Second exemple. Villars, gouverneur de Rouen, demande, pour rendre la ville, 2,460,000 livres, plus la charge d'amiral et diverses autres prérogatives. Groulart inscrit 2,460,000. Mais, par un traité secret, il exige le payement par le roi de deux régiments suisses; la charge d'amiral appartient au fils de Biron à qui il faut l'ôter; certaines prérogatives qu'on lui confère sont enlevées à Montpensier, à Chaverny. Il faut payer les suisses, indemniser Biron, Montpensier et Chaverny. Au lieu de 2,460,000 livres, Sully inscrit 3,477,800 livres, et ainsi de suite (V. sur ces questions Poirson, *op. cit.*, I, 660 et s.).

Report......	3,766,825 livres.
Plus, à M. du Maine et autres particuliers, suivant son traicté, compris les debtes de deux regimens de Suisses, que le Roy s'est chargé de payer.	3,580,000
Plus, à M. de Guyse, prince de Joinville, et autres particuliers, suivant son traicté.	3,888,830
Plus, à M. de Nemours et autres particuliers, suivant son traicté.	378,000
Plus, pour M. de Mercœur, Blavet, M. de Vendosme, et autres particuliers, suivant leurs traictez, pour la province de Bretagne.	4,295,350
Plus, pour M. d'Elbœuf, Poictiers, et divers particuliers en Poictou, suivant leur traicté.	970,824
Plus, à M. de Villars, tant pour luy, le chevalier d'Oise, son frère, les villes de Roüen, le Havre, et autres places,	
A reporter....	16,879,829 livres.

Report....	16,879,829 livres.

que pour les recompenses qu'il a fallu donner à messieurs de Montpensier, mareschal de Biron, chancelier de Chivergny, et autres particuliers compris en son traicté.

	3,477,800

Plus, à M. d'Espernon et autres particuliers, suivant leur traicté.

	496,000

Plus, pour la reduction de Marseille.

	406,000

Plus, pour M. de Brissac, la ville de Paris, et autres particuliers employez en son traicté.

	1,695,400

Plus, à M. de Joyeuse, pour luy, Thoulouse, et autres villes, suivant son traicté.

	1,470,000

Plus, à M. de La Chastre, pour luy, Orleans, Bourges, et autres particuliers, suivant leur traicté.

	898,900

Plus, à M. de Ville-roy, pour luy, son fils, Pontoise, et autres particuliers, suivant leur traicté.

	476,594
A reporter...	25,800,523 livres.

Report....	25,800,523 livres.
Plus, à M. de Bois-Dauphin, et autres, suivant son traicté.	670,800
Plus, à M. de Balagny, pour luy, Cambray, et autres particuliers, suivant son traicté.	828,930
Plus, à messieurs de Vitry et Medavit, suivant leurs deux traictez.	380,000
Plus, pour les sieurs Vidasme d'Amiens, Destournel, marquis de Trenel, Seceval, Le Peche, Lamet et autres, et les villes d'Amiens, Abbeville, Péronne, Coucy, Pierrefont et autres places.	1,261,880
Plus, pour les sieurs de Belan, Quionvelle, Joffreville, Le Peche et autres particuliers, Troye, Nogent, Vitry, Chaumont, Rocroy, Chasteau-Portien et autres places, suivant leurs divers traictez.	830,048
Plus, pour Vezelay,	
A reporter...	29,772,181 livres.

Report.....	29,772,181 livres.
Mascon, Mailly, et les sieurs de Rochefort, et autres particuliers en Bourgogne.	457,000
Plus, pour les sieurs de Canillac, Dachon, Lignerac, Monfan, Fumel et autres, la ville Dupuy et autres villes, suivant leurs divers traictez.	547,000
Plus, pour diverses villes en Guyenne, et les sieurs de Monpezat, Montespan et autres particuliers.	390,000
Plus, pour les traittes de Lion, Vienne, Valence et autres villes et particuliers, en Lionnois et Dauphiné.	636,800
Plus, pour les sieurs Daradon, La Pardieu, Bourcan, Sainct-Offenges, Dinan, et quelques villes.	180,000
Plus, pour les sieurs de Leviston, Baudoüin et Bevilliers, suivant les promesses à eux faites.	160,000
SOMME TOTALE des traictez de la ligue.	32,142,981 livres (1).

1) XVII, 27,

§ 5. — .... Luy estant veuu dire que l'on avoit vendu pour trente mil escus de rentes d'aydes en Normandie, à fort vil prix, et que les deniers en provenans n'avoient esté employez qu'en payement de vieilles debtes, et que les cinq grosses fermes, gabelles du sel et les parties casuelles n'estoient baillées à ferme que pour le quart de ce qu'elles valoient, d'autant plus que la pluspart de tous ceux de son conseil des finances estoient interessez aux baulx d'icelles avec Zamet, Gondy, Cenamy, le Grand, de l'Argenterie et autres, et que s'il n'y donnoit ordre tout cela yroit encor en diminuant de jour à autre, puis que de nouveau l'on avoit accordé des rabais fort excessifs sous ombre des pertes de Calais, Ardres, Cambray et autres places ; dequoy s'estant esmeu et piqué de voir continuer les mauvais mesnages dont il s'estoit plaint, il vous envoya querir, et vous dit qu'il estoit necessaire que vous vous en allassiez à Paris afin d'avoir soin de ses affaires, prendre garde qu'il ne se passast rien à son prejudice dans son conseil sans l'en advertir, et aussi pour essayer de descouvrir s'il y en avoit quelques-uns d'iceluy qui fussent interessez avec les fermiers et partisans des aydes et grosses fermes (1).

(1) XVI, 227.

LIVRE II

RÉORGANISATION DE L'ADMINISTRATION DU ROYAUME.

CHAPITRE PREMIER
Principes généraux.

MAXIME DE HENRI IV.

§ 1. — « Quelques esclatans et apparemment specieux desseins que puissent former quelques potentats que ce puisse estre, avec intention d'en despoüiller quelques-uns de leurs biens, chevances et possessions, et quelques efficacieux et advantageux qu'en soient ou deviennent les poursuites et les succez; si se trouveront-ils tousjours neantmoins à la fin plutost suivis de blasmes que de loüanges, d'ennuis que de contentemens, de haines que de bienvueillances et de repentirs que d'éjouyssances, si telles conquestes sont pour demeurer tousjours litigieuses et que pour parvenir à icelles, ils ayent esté contraints de vendre et alliener leurs propres revenus et domaines, de surcharger leurs naturels sujets de tributs, imposts, tailles et subsides, d'aneantir le trafic, le commerce et le labourage, et de laisser piller, saccager, ruiner et destruire les naturels sujets, n'y ayant point de doute que ce ne soit une imprudence des plus dommageables, que d'exposer ses propres et legitimes revenus à perdition, pour le seul desir d'usurper ceux d'autruy, dautant que demeurans toujours en dispute, ils leur cousteront incessamment trois fois plus à garder et conserver qu'ils ne leur vaudront de revenu annuel (1). »

RÈGLES DE CONDUITE DU ROI.

1

§ 2. — Premierement, Sa Majesté avoit resolu d'establir de telles formes en l'observation de la justice et és manieres d'user par les juges, et en la distribution d'icelle, que le soulagement des sujects se trouvast proportionné au désir et au besoin qu'il en ont, avec de si fermes et droituriers reglemens, que l'infraction d'iceux fust punie, et devinst une asseurée prevention contre toute recidive de vexations et oppressions de peuples, le tout suivant le projet que le Roy en a veu corrigé et fait mettre au net.

(1) XVI, 353.

II

Plus, d'establir semblablement un si bon ordre au mesnagement et amelioration des revenus de son royaume, et garder une telle proportion entre les projects et desseins du Roy et de l'Estat, et de la possibilité de l'execution d'iceux, et entre celles de la recepte et de la despense, que Sa Majesté ne peut estre necessitée de surcharger excessivement ses sujets, ny se priver du moyen de les descharger de toutes tailles et autres impositions capitales et personnelles, suivant le désir qu'elle a tousjours tesmoigné d'en avoir.

IV

Plus, d'establir de si bons reglemens et ordres pour faciliter et amplifier le trafic et commerce des marchands, pour favoriser les artisans et les manufactures, et bonifier le labourage et nourriture du bestial, que tous ceux de ses quatre vacations ayant moyen de vivre commodément, d'augmenter leur negoce et entremise, sans apprehension de nouvelles surcharges ny impositions de deniers, quelque abondance qui paroisse en leurs petits mesnagemens, ny qu'ils soient saccagés et pillaudés par les gens de guerre, ny que les seigneurs particuliers ny voisins leur usent d'extortion ny violence (1).

(1) V. XVII, p. 418.

CHAPITRE II
Les finances.

SECTION I

LES IMPÔTS.

A. — REMISE D'IMPÔTS.

Lettre du Roy à messieurs de son conseil d'Estat et de finances.

§ 1. — Messieurs, j'ay veu par votre lettre du 24, ce que vous me proposez et qui a esté advisé en mon conseil, touchant la descharge que vous jugiez se devoir faire à mon peuple, du dixiesme de ce qui a esté imposé pour la presente année. Je désirerois que l'estat de mes affaires et les grandes despences que je suis contraint de faire pour la conservation de cet Estat, mesmes à l'occasion de ce siege, me pussent permettre de leur donner plus de soulagement, et leur accorder plus grande descharge que celle que vous me proposez par vostredite lettre, laquelle j'ay fort agreable, et que l'execution s'en fasse sui-

vant l'ordre duquel vous me donnez advis par
vostre dite lettre, sinon pour le regard des parroisses les plus pauvres et affligées ausquelles je
veux faire ressentir davantage le fruict de la
grace que je fais à mondit peuple, et qu'au lieu
des quatre-vingts mil escus que vous estes d'advis d'affecter à la descharge et soulagement desdites paroisses, qu'il en soit pris encor cent
mil des six cens mil que j'accorde en general,
dont le departement se fera au profit desdites
parroisses qui sont les plus pauvres et affligées.
C'est la grace que je veux à present faire à mon
peuple, mesmes aux parroisses les plus ruinées;
ce que vous ferez observer et executer par les
tresoriers de France et autres officiers de chacun
bureau, leur donnant l'ordre et instruction de ce
qu'ils auront à faire, pour faire jouyr mes sujets
du benefice de ladite descharge suivant mon intention (1).

§ 2. — .... Et commençates par les remises ab-
solües des arrérages de toutes tailles de toutes les
années passées, au précédant l'année 1596, et
surséance du payement d'icelles en payant ceux
de 1597; pour le paiement de tous lesquels arrérages montans à plus de vingt millions par tout
le royaume, les peuples étoient asprement poursuivis et merveilleusement vexez, surtout én
Provence, Dauphiné, Languedoc et Guyenne, à

(1) XVI, p. 259, année 1597,

cause que la plupart de tels deniers estaient pretendus par les gouverneurs et capitaines des pays et places, et par les officiers de justice et de finance (1).

B. — SUPPRESSION OU MODÉRATION DES IMPOTS LOURDS OU IMPOPULAIRES.

§ 1. — Le Roy ayant pourveu au Poictou, en Limousin et Guyenne en y establissant absolument le sol pour livre, sa presence, prudence et reputation admirable ayant contenu les plus estourdis et malins, et ramené à la raison les plus dociles et debonnaires, il usa d'un traict de grande prudence et generosité; car ayant veu une obeyssance si entiere et sans contraste à l'establissement de cette imposition que l'on avoit pris pour pretexte de toutes les rumeurs fomentées par ces trois conspirateurs, il en fist la revocation, fondée sur la seule prompte obeyssance que les peuples avoient tesmoigné de vouloir rendre à tous ses commandemens; et fut cette menüe imposition tant onereuse convertie en une douce subvention, quelque temps apres du tout esteinte (2).

§ 2. — Et comme un jour vous luy parliez des diverses impositions qui se levoient sur son peuple, et luy remonstriez avec affection qu'il n'y avoit point de plus onereuses impositions que celles

(1) XVI, p. 293, ch. LXXXV, année 1598.
(2) XVI, p. 396, année 1602.

qui se levoient par capitation sur le sel, ny de plus équitables que les reelles sur les denrées et marchandises, il vous demanda un estat, sans que vous ayez jamais peu sçavoir à quelle fin, de ce que coustoit le sel sur les marais salans, et de ce à quoy revenoient toutes les sortes de frais qu'il y falloit faire jusques à la vente d'iceluy dans les greniers. Lequel estat vous dressastes le mieux que vous pustes, d'autant qu'il est impossible de le faire bien au vray, pour les raisons déduites en iceluy; duquel neantmoins nous ne mettrons point icy la coppie, d'autant que toutes choses ont changé depuis (1).

Lettre de M. de Sully au lieutenant de Blois.

§ 3. — Monsieur le lieutenant general, vous m'avez fait plaisir de m'escrire ce que vous estimez qui se passe en vostre province, au prejudice du Roy et soulagement du peuple.

Quant à ce qui touche le sel, je scay bien que, suivant les ordonnances, il va par toutes les generalitez des conseillers de la Cour des aydes pour regaler le departement du sel par les parroisses où il se leve par impost. Et en chemin faisant si l'on leur fait plainte de ceux qui font les faux-saunages, et qui en usent, je ne doute point qu'ils n'en condamnent quelques-uns en l'amende; mais la peine doit estre bien diffe-

(1) XVII, p. 17, 1605.

rente entre ceux qui font le faux-saunage, lesquels l'on ne sauroit trop punir, ou ceux qui usent de faux sel, en trouvans à bon marché, ausquels l'on ne sauroit estre trop indulgent, pourveu qu'ils ne soint trouvez sur le fait (1).

§ 4. — .... Laquelle depense (4 millions de livres payés à l'estranger aux alliés du roi) n'empeschoit pas que celles du courant et de l'ordinaire du royaume ne fussent entierement acquittées et à point nommé; que l'on ne continuast de travailler au restablissement, decoration et embellissement des palais, chasteaux et maisons royales, à les pourvoir de beaux et riches meubles, et à rachepter les bagues et joyaux de la couronne vendus et engagez par les dissipations des regnes passez, et à y en adjouster de nouveaux; que l'on ne continuast à remparer, munir et fortifier les villes et places de frontière; à reparer, relever et r'accommoder les pavez, chemins, chaussées, turcies, levées et voyes publiques, et construire de nouveaux ponts; à bastir, et edifier et restablir les eglises, hospitaux, couvents et monasteres qui en avoient besoin, à munir les arsenaus royaux de canons, boulets, armes, etc.; à fabriquer et entretenir nombre de galeres sur la mer du Levant; à soulager les peuples que vous recognaissez trop foulés à mesure que par votre bon mesnage vous augmentiez et amélioriez les

(1) XVII, 165, année 1606.

revenus du Roy; faisant tous les ans quelque descharge sur les tailles, comme l'exaction la plus onereuse, à cause des abus qui se commettent en la cottisation d'icelles, et sur la levée de l'impôt du sel, comme la plus rigoureuse et injuste, d'autant que l'on fait achepter an pauvre peuple de cette sorte de vivres beaucoup plus qu'il n'en veut ny peut consumer, avec inhibitions de revendre ce qu'il en a de trop; et à mettre tous les ans bonne somme de deniers au thrésor royal, dans la Bastille, de laquelle vous aviez la garde (1).

Lettre de M. de Sully à un commissaire.

§ 5. — M. Hanapier, ayant receu quelques plaintes de ceux de Chasteauroux et autres parroisses du grenier à sel de Buzançois, des exactes recherches que l'on fait contre eux, je n'y ay pas voulu adjouster foi, mais vous escrire la présente pour vous prier de me mander ce qui en est, et de regarder à soulager les sujets du Roy le plus qu'il vous sera possible, car ils en ont bon besoin, ayant fait infinies pertes les années passées et de la presente, tant de leurs bestiaux qu'autres biens, et estans d'ailleurs si fort chargez de tailles et autres impositions qu'ils ne les peuvent quasi payer; et si vous les tourmentez d'amendes excessives et sans grande raison, il est certain que

(1) XVII, p. 16, année 1605.

vous ferez perdre au Roy, sur les deniers de ses tailles, ce que vous ferez gagner au partisan du sel sur sa ferme.

Or, estant officier du Roy, vous le devez preferer à tout autre, encore qu'il vous paye et employe. Et, combien que je n'ignore point que vous ne sçachiez l'ordre que nous avons ordonné estre observé au regalement du sel, toutesfois je seray bien aise de vous en rafraischir la memoire par la presente. Premierement, nous avons ordonné que tous les commissaires qui iront pour ledit regalement, seront tenus de prendre l'advis des tresoriers de France, et n'y resoudre rien sans eux. Secondement, de n'augmenter point l'impost du sel par generalitez; mais, le laissant à la mesme quantité, le distribuer apres au sol la livre, par greniers et par parroisses, selon les moyens et facultez d'une chascune d'icelles. Et quand les parroisses ont pris dans les greniers ce que porte leur impost, nous n'entendons point qu'ils soient mis à l'amende ny aucunement vexez pour n'en avoir pris davantage, sinon au cas que dans leurs maisons l'on trouvast du faux sel, ou fort bien prouvé contr'eux qu'ils ont fait le faux saunage, c'est à dire qu'ils en portent vendre par cy par là, ou eux-mesmes en soient allez querir aux païs francs de gabelles pour leur provision; car nous faisons grande difference entre ceux qui le portent vendre et ceux qui l'achétent lors que l'on leur apporte, dautant que les premiers sont punissables estant bien prouvé, et les derniers ne le sont point, sinon que l'on les rouve saisis de faux sel; et qui en usera autrement ruïnera entierement tous les sujets du Roy. Advisez donc de proceder moderément en vostre commission, et me rendez raison bien particuliere de tout ce qui se passe en vostre charge touchant ledit regalement du sel. Vous me ferez aussi responce sur tous les points de la presente. Ce qu'attendant je prieray Dieu, etc. (1).

Lettre de M. Sully à M. Marion.

§ 6. — Monsieur Marion, j'ay reçu vostre lettre du 3 avril, pour responce à laquelle je vous diray que je suis bien aise que ceux des Estats de la province se sont conformez à ce qui estoit des volontez du Roy, et resolus de suivre les reglemens portez par nostre arrest. Aussi n'y a-t'il point de doute que cela n'apporte beaucoup de soulagement au peuple; il pourra bien estre que quelque particulier sera trompé de ses esperances, mais le public doit marcher devant toutes choses.

Quand ceux du païs feront voir au Roy et à son conseil que nostre reglement leur porte dommage et au general de la province, le Roy et nous tous serons tousjours disposez de les contenter, et apporter les remedes convenables; mais s'il n'y va que de l'interest de quelques particuliers,

(1) XVII, p. 178, année 1607.

je n'estime pas que cela nous émeuve gueres (1).

C. — Remaniment des impôts.

Voyant la paix affermie par les sermens de
l'observation d'icelle donnez et receus de toutes
parts, le port des armes inhibé, les gens de guerre
grandement retranchez, bien payez et bien disciplinez, les peuples fort satisfaits du gouvernement present, tous leurs esprits inclinans à l'obeyssance et entierement alienez de toute soulevation,
en cela puissamment instruicts par tous les frais
ressentimens des mal-heurs d'icelle, le Roy prisé
pour sa vertu, reveré pour sa justice, redouté
pour sa vaillance et celerité, aymé pour sa cle-
mence et familiarité, et authorisé pour ses heureux succez, vous vous resolustes de mettre à
bon escient les mains aux ouvrages que vous
aviez de long-temps projettez, mais ausquels
vous n'aviez pas seulement osé penser de toucher
tant soit peu, de crainte que plusieurs personnes
s'estimant interessées en tels ordres, reglemens
et mesnagemens, vous n'affoiblissiez les bonnes
volontez, n'alterassiez du tout les tres-delicates,
et qu'au lieu d'en tirer du fruict vous n'esmeus-
siez des rumeurs et du bruict; et commençaste, afin
de donner bonne odeur de vos desseins, par les
remises absoluës des arrerages de toutes tailles

(1) XVII, 240, année 1608.

de toutes les années passées, au precedent l'année 1596, et surceance du payement d'icelles en payant ceux de 1597; pour le payement de tous lesquels arrerages montans à plus de vingt millions par tout le royaume, les peuples estoient asprement poursuivis et merveilleusement vexez, sur tout en Provence, Dauphiné, Languedoc et Guyenne, à cause que la pluspart de tels deniers estoient pretendus par les gouverneurs et capitaines des pays et places, et par les officiers de justice et de finance.

En suitte de ce bon œuvre, ayant tousjours l'esprit mal satisfait de la confection de l'estat general des finances, que vous aviez vous-mesme fait en l'année 1596, pour l'année 1597, et semblablement de celuy que vous aviez aussi dressé en 1597 pour l'année 1598, dautant que vous n'y aviez quasi travaillé que par les advis des intendans des finances et tresoriers de l'espargne, et sur les estats particuliers que tant eux que les tresoriers de France avoient fournis, vous rassemblastes toutes les commissions des tailles envoyées par les generalitez, tant au commencement desdites deux années, que durant le cours d'icelles; tous les edicts et lettres patentes en vertu desquelles s'estoient levez tous les subsides et impositions sur les denrées et marchandises, les tableaux et pancartes en vertu desquelles elles se levoient, et les sous-affermes qui s'en estoient faites par les fermiers generaux, ausquels la perception de tous ces droits avoit esté adju-

gée à ferme-clause par ceux du conseil du Roy
ou les tresoriers de France.

Et apres avoir bien feuilleté tous ces papiers,
calculé toutes les sommes, et recherché toutes
choses dés leur source, voyant quelques abus qui
se commettoient sur le fait des commissions ordinaires des tailles, de beaucoup plus grands sur
les commissions extraordinaires à vau l'année,
mais du tout excessifs sur le fait des fermes; et
ayant verifié que les sous-fermages montoient
quasi deux fois autant que les adjudications generales faites au conseil du Roy ou pardevant
les tresoriers de France, vous en donnastes advis
à Sa Majesté, laquelle vous commanda aussitost
de pourvoir à tout cela comme vous l'entendriez,
et que vous ne doutassiez point qu'il n'authori-
sast tout ce que vous auriez ordonné, fait et dit
là dessus. Tellement que, sur ce fondement, vous
fistes faire arrest sur tous les deniers des tailles
levez par les commissions extraordinaires, et
mandastes aux receveurs d'en faire recepte comme des autres deniers de leurs charges venans à
l'espargne, afin de les y faire voiturer. Vous fer-
mastes aussi la main aux fermiers generaux, fistes
defences aux sous-fermiers de leur plus rien
payer, avec commandement de rapporter leurs
sous-baulx, et faire voiturer à l'espargne tout ce
qu'ils pouvoient devoir et devroient par après;
tellement que, par cét ordre, vous descouvristes
que la pluspart de ceux du conseil ou qui avoient
crédit pres d'eux, et quelques trésoriers de

France, avoient part avec les fermiers generaux, et eustes, par ce moyen, dequoy satisfaire à plusieurs fautes de fonds et nouvelles despences qui survenoient journellement ce qui resjouyt infiniment le Roy, et le rendit, plus que jamais, affectionné en vostre endroit.

Ces choses ainsi executées, vous en entrepristes de bien plus grandes et importantes encor, qui fut de remettre entre les mains du Roy des alienations et engagemens de certains revenus en tailles, aydes, gabelles, traites, foraines et domainialles, cinq grosses fermes, parties casuelles, peages des rivieres, comptablerie de Bourdeaux et patentes de Languedoc et Provence, faits à gens tous grandement qualifiez et qui en jouyssoient tous par leurs mains, dont entre les autres estoient la reine d'Angleterre, le comte Palatin, le duc de Wirtemberg, ceux de Strasbourg, les Suisses, Venise, le duc de Florence, plusieurs partisans italiens, Madame, sœur du Roy, tous les princes et seigneurs qui avoient esté de la ligue, messieurs le connestable, messieurs de Boüillon, du Plessis, de Pichery, heritiers du feu sieur de Villars, du Gast et une infinité d'autres; lesquels ne manquerent pas d'en venir aussi tost faire leurs plaintes au Roy, avec des crieries accompagnées de tres-grandes importunitez; lesquelles luy ne pouvant que trop impatiemment supporter (car c'estoit quasi le seul defaut de ce prince, que d'estre tendre aux contentions d'esprit) il vous envoya aussi-tost querir à demy en

colere contre vous, tellement qu'en arrivant il
vous dit : « Ha! mon amy, qu'avez-vous fait ?
« — Je me doute desja bien que c'est que vous
« voulez dire, Sire, luy responditcs vous, mais
« je n'ay rien fait que bien, et m'asseure que
« vous le trouverez ainsi, m'ayant entendu, voire
« même que ceux qui en crient le plus haut ne
« diront pas le contraire, apres que j'auray parlé
« à eux; et s'il vous plaist d'envoyer querir quel-
« ques uns, vous verrez qu'ils demeureront con-
« tens, et qu'en fin il en yra de ces crieries com-
« me de celles des fermiers generaux que j'avois
« tous depossedez, lesquels en fin se sont accom-
« modez avec moy et ont quasi tous doublé toutes
« vos fermes, pource que je n'entends rien en
« pots de vin, à entrer en part ny à estre asso-
« cié; je crois, Sire, que vous entendez bien
« tous ces termes. — Ouy, je les entends bien,
« vous dit-il, et vous aussi; et si vous pouvez
« faire taire le petit Edmond, agent de la reine
« d'Angleterre, un grand gentil-homme allemant
« du duc de Wirtemberg, Gondy pour le duc de
« Florence, ma sœur et mon compere, je croi-
« ray le semblable du reste; et pour en avoir
« une preuve il faut faire venir monsieur le con-
« nestable qui ne fait que de partir pour aller
« chez ma sœur; car c'est un de ceux qui m'en
« parle plus souvent. »
Ce qu'ayant esté fait, le Roy luy dit en entrant :
« Et bien, mon compere, dequoy vous plaignez
« vous de Rosny? — Sire, je me plains, respon-

« dit-il, de ce qu'il m'a mis au rang du com-
« mun, m'ayant osté une pauvre petite assigna-
« tion que j'avois en Languedoc, sur une impo-
« sition de laquelle vous ne touchastes jamais
« rien. — Or bien, Monsieur, luy dites vous, je
« confesse avoir eu tort, si mon intention a esté
« de vous rien faire perdre; mais elle a esté
« toute contraire; partant dites moy, s'il vous
« plaist, ce que vous tiriez de cette imposition,
« et je vous feray payer pareille somme. — Je
« trouve cela bon, vous dit-il; mais qui m'as-
« seurera d'en estre payé à bon point nommé
« comme je suis? — Ce sera moy, luy respon-
« dites-vous, et vous bailleray le Roy pour cau-
« tion, qui ne fera point banqueroutte, et je vous
« le promets, au moins s'il me laisse mesnager
« ses revenus comme je l'entends, et je luy ser-
« viray encor de contre-caution, qui m'attens
« bien, en le faisant riche, qu'il me fera tant de
« bien, que je ne seray jamais réduit au saffran. »
Tout cela le fit rire, et rendit tant satisfait, qu'il
vous dit : « Or sus, Monsieur, je m'en fie du tout
« en vous, à qui je recognois franchement que
« je n'affermois cette imposition que neuf mille
« escus par an, et encor en donnois-je deux
« mille tous les ans au tresorier des Estats, afin
« de faire faciliter la levée. — Je sçavois bien
« tout cela, Monsieur, luy dites-vous, aussi est-
« ce ma resolution de vous faire payer franche-
« ment vos neuf mille escus, et si le Roy me
« veut laisser tirer le profit de la ferme, je luy

« feray donner encor dix-huict mille escus, et si
« j'en auray encor quatre mille poúr moy. »

Ce discours appresta fort à rire au Roy, voyant
l'estonnement qu'en faisoit monsieur le connestable; et tout cela estant ainsi accordé, vous
fistes parler le lendemain au Roy, un homme
qui, sous le nom des Estats, prit la ferme à cinquante mille escus, et luy dites que vous ne vouliez point qu'il vous fist du bien en prenant rien
sur ces fermes, dautant que c'estoit une ouverture dangereuse pour le bien de ses affaires, que
de souffrir qu'aucuns de ceux de son conseil ny
de ses finances fussent jamais interessez en nul
de ces revenus, et que c'estoit par cette voye là
que s'estoient faittes toutes les profusions des
finances sous le règne de son devancier, lequel
propos contenta encor le Roy plus que tout le
reste; et pource que vous luy fistes advancer
douze mil escus sur cette ferme, il vous en envoya quatre mil par le sieur de Beringuen, deux
jours apres qu'il eut touché son argent. Et enfin,
par ces voyes et formes toutes semblables, furent toutes autres plaintes et crieries, dont le
Roy avoit tesmoigné tant d'apprehension, entierement apaisées, et les revenus du Roy sur ce
qui leur avoit esté baillé à joüyr, augmentez de
prés de six mille escus.

Vous envoyastes peu apres M. de Maupeou,
maistre des comptes, en Bretagne pour l'observation des reglemens en finances que vous y
aviez faits, pour faire valoir les fermes du pays,

et faire venir à l'espargne les deniers dont vous
aviez fait le fonds ; M. de Champigny, és generalitez de Tours et Orleans, pour regler les peages des rivieres ; le sieur Coesnard, auditeur des
comptes, en Poictou, et le sieur de Bisouze en
Guyenne.

D. — Résistance a l'avidité des courtisans.

§ 1. — Nous pourrions amplifier ces Memoires de
plusieurs autres lettres et choses qui se passerent
en vostre voyage d'Angleterre ; mais ayant desja,
ce nous semble, comme nous l'avons desja dit,
esté trop longs, nous n'en parlerons plus, et
vous ramentevrons comme peu apres vostre retour, le Roy estant lors à Fontaine-bleau et vous
à Paris, M. le comte de Soissons voyant qu'à
cause de vostre bon ordre et mesnage des grands
deniers que vous envoyez hors du royaume,
tant pour maintenir les alliez de la couronne de
France, que pour en acquerir de nouveaux, payer
les debtes que le Roy avoit faites durant la ligue,
assister ses alliez contre l'Espagne et amasser de
l'argent dans ses coffres, il estoit fort difficile
d'avoir de grandes liberalitez, ny que bien petite
sommes sur les deniers ordinaires, il supplia le
Roy de lui accorder, à son profit, une certaine
imposition de quinze sols pour ballot de toile
entrant ou sortant du royaume, dont l'on luy
avoit donné advis, et qui pouvoit valoir quelque
huict ou dix mille escus par an. Lequel luy res-

pondit qu'il lui donnoit de tres-bon cœur, moyennant qu'elle n'excedât point cinquante mille
livres par an, que cela n'apportast point trop
grande vexation au peuple, et n'alterast point le
trafic et commerce, qu'il vouloit favoriser de
tout son pouvoir, ensemble de toutes sortes
d'arts, mestiers et manufactures.

Et dés le soir vous escrivit comme quelqu'un
sans le nommer, luy avoit donné advis de mettre
un impost de quinze sols pour ballot de toille
entrant et sortant du royaume, et qu'il en tireroit bien quarante ou cinquante mille livres ; et
partant, vous prioit de luy mander ce que cela
pourroit valoir, et quel prejudice une telle imposition pourroit apporter au peuple et au trafic.
Ce qu'ayant calculé sur les traictes foraines et
domenialles, et entrées de grosses denrées, vous
l'allastes trouver aussi-tost, et lui dites que cette
imposition bien establie par tout le royaume,
vaudroit pres de trois cens mille escus tous les
ans; mais qu'aussi altereroit-elle grandement le
commerce, et causeroit en fin la ruine des provinces de Bretagne, Normandie et partie de la
Picardie, où croissoient ces excellents lins et
chanvres. Surquoy Sa Majesté, toute estonnée
vous dit : « Je vois bien maintenant que jaurois
« fait une grande faute d'accorder ainsi legere-
« ment une telle demande sans m'estre consulté
« avec vous sur la valeur et consequence d'icelle,
« qu'il faut néantmoins que vous m'aydiez à
« reparer bien secrettement, de peur que cela

« ne vous devienne l'occasion d'une forte broüil-
« lerie avec mon cousin le comte de Soissons,
« auquel j'ay accordé cét advis, m'en ayant tel-
« lement pressé, qu'il en a eut l'edict signé et
« scellé, dont il faudra empescher la verification
« aux cours souveraines, ausquels, comme vous
« sçavez, j'ay deffendu d'entrer en l'enregistre-
« ment d'ancuns edicts s'ils n'avoyent des lettres
« de ma propre main ou de la vostre, quelques
« jussions qu'elles reçeusent, ou lettres de cachet
« qui leur fussent adressées. » A quoy vous luy
respondistes qu'à la vérité il s'estoit un peu
hasté, mais qu'il falloit remedier à cette faute
par la voye qu'il avoit ouverte luy-mesme, et
partant qu'il ne se laissast pas aller aux sollici-
tations qui luy seroient faites par des personnes
qu'il aymoit (et que vous sçaviez bien avoir un
quint en l'affaire), à escrire des lettres contraires
aux resolutions qu'il venoit de prendre, et que
pour vostre regard, vous sçauriez bien tenir
ferme contre tout ce qui porteroit prejudice à
sa personne, dommage à son Estat, et detriment
à ses peuples; mais qu'il cognoissoit l'humeur de
ce prince (lequel n'estant pas trois mois sans
broüillerie avec luy, le contre coup en retom-
boit tousjours sur vous), et partant ne doutiez
point que cette affaire n'excitast sa haine contre
vous, nonobstant laquelle vous ne laisseriez de
faire votre devoir à son service, sans rien appre-
hender, vous asseurant aussi qu'il vous assisteroit comme un bon maistre est obligé de faire

un bon serviteur. « Ho! ne vous mettez point
« en peine de cela, dit le Roy, car je vous
« maintiendray contre tout le monde, en me
« bien servant comme vous avez toujours
« fait, et confesse que j'ay occasion de m'en
« loüer. »

Quelques jours apres que le Roy vous eust
tenu ces discours, M. le comte de Soissons vous
vint veir à l'Arsenal; et apres quelques complimens de part et d'autre, en vous embrassant, il
vous dit : « C'est à cette fois, Monsieur, que vous
« me pouvez rendre un excellent office de vray
« amy, et m'obliger d'estre à perpetuité le vostre,
« tout ainsi que vous estiez mon propre frere,
« en facilitant, sans bruict, ny esclat, comme je
« sçay que vous le pouvez, une gratification
« qu'il a pleu au Roy de me faire fort franche-
« ment; mais il faut que vous me promettiez de
« me bailler des lettres de vostre propre main,
« où il y ait un Maximilian de Bethune tout du
« long. — Monsieur luy respondistes vous, je ne
« sais pas encor de quelle affaire il est question,
« ny à qui vous desirez que j'escrive, et partant
« ne vous puis-je pas donner absolument ma
« parole, estant si religieux observateur d'icelle,
« qu'à quelque prix que ce fust, je la voudrois
« tenir. — C'est pourquoy aussi, vous respondit-
« il, je la vous ay demandée, je desire l'avoir,
« et vous prie ne me la refuser point, ou autre-
« ment j'auray sujet de rompre la paille pour
« tousjours entre vous et moy. » Et là dessus

il vous conta toute son affaire', et vous dit
qu'il sçavoit bien le mot du guet qu'il y avoit de
la part du Roy et de vous avec les cours souveraines, et partant, vous prioit-il derechef de luy
bailler une lettre telle qu'il vous avoit dit,
addressante au parlement de Rennes, et une autre
semblable à la cour des aydes de Roüen, pour
les prier de verifier cet edict purement et simple-
ment, d'autant que c'estoit la volonté du Roy et
les advis de son conseil, à la pluspart desquels
il en avoit desja parlé.

A quoy vous luy respondistes que le Roy ne
vous avoit rien commandé de tel, qu'il n'en avoit
esté fait aucune mention és conseils où vous
vous estiez trouvé, et n'en aviez jamais veu ny
signé d'arrest; que l'affaire estoit de grande importance pour le peuple, et partant meritoit
bien d'estre meurement deliberée; que le Roy
en entendist la conséquence et vous donnast ses
commandemens là dessus par escrit, pour vous
servir de garand contre les reproches qui vous
en pourroient estre faits. Sur quoy il vous dit :
« Hé bien, Monsieur, c'est assez; car il est aysé
« de juger à quoy tendent tant d'excuses, de
« circonspections et de formalitez; c'est, en un
« mot, que vous voulez ruyner mon affaire, et que
« la paille soit rompuë; et par là puis-je facile-
« ment recognoistre quel amy vous m'avez tous-
« jours esté cy-devant, et ce que je dois esperer
« de vous pour l'advenir. » Et en mesme temps
il vous quitta en gromellant entre ses dents des

paroles interrompuës, tesmoignant un grand mal-contentement.

Quelques jours apres, madame de Verneüil vous vint voir pour ses affaires (n'estant pas neantmoins trop contente de vous); elle vous trouva comme vous sortiez de vostre cabinet pour aller au Louvre, ayant un petit agenda roulé autour du doigt, qu'elle vous demanda que c'estoit. A quoy vous luy respondistes comme en colere : « Ce sont de belles affaires, Madame, « esquelles vous n'estes pas des dernieres. » Et en le desployant, vous luy leustes une liste de vingt ou vingt-cinq edits que l'on poursuivoit à la foule et oppression du peuple, avec les noms de ceux qui estoient interesez en iceux, dont elle estoit la sixiesme en ordre. « Et bien, ce dit- « elle, que pensez vous faire de tout cela? — Je « pense, lui distes vous, à faire des remonstran- « ces au Roy en faveur du pauvre peuple, qui « s'en va ruyné, si telles vexations sont approu- « vées, et peut bien le Roy dire adieu à ses tail- « les, car il n'en recevra plus. — Vrayement, « ce dit-elle, il seroit bien de loisir de vous « croire, et de malcontenter tant de gens de « qualité pour satisfaire à vos fantaisies; et pour « qui voudriez-vous donc que le Roy fist, si ce « n'estoit pour ceux qui sont dans ce billet, les- « quels sont tous ses cousins et parents ou ses « maistresses ? »

« Tout ce que vous dites seroit bon, Madame « luy repartistes vous, si Sa Majesté prenoit l'ar-

« gent en sa bourse ; mais de lever cela de nou-
« veau sur les marchands, artisans, laboureurs
« et pasteurs, il n'y a nulle apparence, estant
« ceux qui nourrissent le Roy et nous tous, et
« se contentent bien d'un seul maistre, sans avoir
« tant de cousins, de parens et de maistresses à
« entretenir. » Et voyant par tous vos discours
que vous ne manqueriez pas à essayer de faire
trouver mauvaises au Roy telles vexations, elle
se retira toute mutinée, et s'en alla de ce pas
chez M. le comte de Soissons, auquel, comme
vous l'avez sçeu depuis, elle fist plusieurs rap-
ports de vous contre luy ; entre autres que vous
aviez dit que le Roy n'avoit que trop de parens,
et que luy et ses peuples seroient bien-heureux
s'ils en étoient défaits. A quoy son esprit desja
ulceré, à cause de son edict des toilles, adjousta
tout ce que la passion luy pouvoit suggerer, et
firent un complot de vous dresser une querelle
là dessus ; comme de fait, dés le lendemain matin, M. le comte de Soissons alla trouver le Roy,
et apres quelque preambule sur ses qualitez et
grands services rendus à luy et à l'Estat, le
supplia de luy faire justice de vous, qui l'aviez
cruellement offensé en l'honneur, voire de telle
sorte, qu'il falloit qu'il eust vostre vie.

Le Roy luy demanda que c'est que vous aviez
fait ou dit, et si c'estoit parlant à sa propre personne ou bien à quelque autre. Surquoy il luy
respondit, que si c'eust esté en sa presence,
quelque grandeur de respect qu'il portast à ce

qu'il aymoit, si ne se fust-il peu empescher d'en
faire faire la reparation sur le champ; mais qu'il
supplioit Sa Majesté de croire à ses paroles, esquelles il ne se trouva jamais de mensonge. « Si
« cela estoit vray, mon cousin, répliqua le Roy,
« vous ne tiendriez pas de ceux de nostre mai-
« son; car nous en donnons tous des plus belles,
« et sur tous vostre frere aisné estoit-il excellent
« en cela. Mais puis que c'est un autre qui vous
« l'a rapporté, dites moy qui il est et ce qu'il
« vous a dit, et puis j'adviseray ce que j'en de-
« vray faire, car je vous contenteray si la raison
« le peut faire, — J'ay fait serment. Sire dit,
« monsieur le comte, de ne nommer jamais ce-
« luy de qui je les tiens; mais je croy en luy
« comme en moy-mesme, ny de ne prononcer
« jamais les paroles dont il a usé parlant de
« moy : car elles sont trop indignes. — Quoy
« donc, dit le Roy, mon cousin, vous ne me
« voulez pas dire ce que je vous demande sous
« ombre de vostre serment, et moy je fais aussi
« serment de ne rien croire de tout ce dont vous
« vous plaignez que ce que M. de Rosny m'en
« dira luy-mesme; car je le tiens pour aussi
« veritable que vous sçauriez faire celuy qui
« vous a fait ces beaux contes. » Ils eurent sur
ce sujet plusieurs autres contestations et finalement se separerent mutinez l'un contre
l'autre.

Le Roy vous envoya le sieur Zamet et La Varenne, pour vous advertir de cette escapade du

comte de Soissons, et sçavoir si vous aviez tenu
quelque langage de luy, sur lequel il eust peu
prendre quelque occasion d'offence. A quoy vous
leur respondites que vous n'estimiez point avoir
parlé de luy à personne ny en bien ny en mal,
il y avoit plus de quinze jours, ny à sa personne
depuis qu'il vous vint demander des lettres de
vostre main pour faire vérifier son edict des
toilles. Que madame de Verneüil vous estoit
bien venüe voir et aviez parlé en general de
ceux qui poursuivoient des edicts à la foulle et
oppression du peuple; que ce n'estoit pas bien
fait et que vous l'empescheriez tant que vous
pourriez, dequoy elle s'estoit mutinée contre
vous; mais que M. le comte de Soissons n'avoit
esté nommé en particulier ny par elle ny par
vous. Lequel propos ayant esté rapporté au Roy,
il dit aussi-tost : « Oh! il ne se faut plus enque-
« rir d'où vient la broüillerie puis que madame
« de Verneüil est alleguée, car c'est un si bon
« bec, et si plein de malice et d'invention, que
« sur le moindre mot que Rosny luy aura dit,
« elle y en aura adjousté cent, voire mille; mais,
« pour tout cela, ne faut-il pas negliger cette
« affaire; et partant, vous, La Varenne, retour-
« nez le trouver, et luy dittes qu'il pense à s'as-
« seurer, et qu'il s'accompagne si bien que l'on
« ne puisse pas facilement entreprendre sur sa
« personne, et que j'ayme bien mieux qu'il m'en
« coute quelque chose; car si je le perdois, je
« perdrois bien avec luy davantage que tout

« ce qu'il sçauroit despendre à se bien gar-
« der (1). »

§ 2. — Environ ce mesme temps vous eustes une
grande querelle contre M. d'Espernon, à cause
de certains deniers qui se levoient de son authorité dans ses gouvernemens sans aucunes lettres
patentes du Roy, et se montoient ces sommes
pres de soixante mille escus, sur lesquelles,
quasi malgré le conseil, vous fistes faire arrest,
défence de continuer la levée, et ordonner aux
tresorier de France d'en informer. Dequoy
M. d'Espernon ayant esté aussi-tost adverty par
les premiers du conseil, il y vint le lendemain et
se mit à parler fort haut, alléguant ses qualitez
et croyant par là de vous intimider. Mais vous
relevastes tous ces discours avec grand courage
et tesmoignage de vouloir et pouvoir vous es-
galler à luy, mettant en avant vostre extraction :
tant y a qu'il y eut de grosses paroles de toutes
parts, jusques à estre prests de mettre les mains
aux espées dans le conseil; mais vous fustes separez, et vous en allastes chacun en vos logis
attendre des nouvelles l'un de l'autre. Le roy,
qui estoit à Fontaine-bleau, ayant dans peu
d'heures appris cette dispute, vous escrivit une
ettre où il vous mandoit qu'il avoit sceu que
vous aviez eu querelle pour ses affaires; que
cela ne vous estonnast point, qu'il avoit ordonné

1) XVI, 511, année 1603.

à tous ceux qui l'affectionnoient de s'aller offrir à vous, et qu'il vous serviroit de second s'il en estoit besoin ; quelques jours apres il vous accommoda et vous fist tous deux embrasser (1).

SECTION II

DENIERS PUBLICS ET COMPTABLES.

Généralités.

Nous viendrons au second expedient par vous proposé, qui fut la recherche de tous les divertissements faits dans les estats et comptes rendus par tous ceux lesquels ayans de longtemps pris et tousjours continué, mais sous divers noms, les plus grands revenus du royaume, à ferme-clause, sous couleur d'un employ de deniers le plus specieux qu'il estoit possible, et puis les ayans fait passer par contens, avoient rendu, par ce moyen, la couronne redevable de plusieurs millions que l'on payoit tous les ans.

Le troisiesme fut la revision des comptes de Castille, qui avoit manié les deniers du clergé, sur lesquels il avoit commis plusieurs abus et malversations ; dequoy il estoit defferé par quelques evesques, archevesques et cardinaux qui vous en avoient parlé, et depuis mis en main des articles et une requeste signée d'eux, de laquelle la teneur sera inserée en l'année que cette affaire fut poursuivie.

(1) XVI, 298, année 1598.

Le quatriesme expedient par vous proposé, fut une recherche generale contre tous financiers, les thresoriers de France y compris, qui sont les plus grands destructeurs des revenus du royaume, lesquels avoient malversé en leurs charges, asseurant Sa Majesté d'un grand denier s'il demeuroit ferme à les faire tous juger diffinitivement sans entrer en aucune composition, ny en exempter un seul par faveur ny importunité.

Le cinquiesme fut une verification exacte de toutes les alienations du domaine et autres revenus du royaume, desquels plusieurs particuliers jouyssent sans tiltre, et les autres à si vil prix, que les acquereurs avoient pû estre remboursez par la jouyssance annuelle d'iceluy, qui avoit excedé l'interest de son argent au denier seize; surquoy vous montrastes au Roy de tres-excellentes maximes à observer pour en tirer un grand profit.

Le sixiesme fut une verification exacte de la finance, originellement payée par tous les officiers de France, pour la composition de leurs offices venaux, et desquels les deniers estoient entrez aux coffres du Roy, avec resolution de les en rembourser ou faire suppleer la juste valeur.

Le septiesme fut la continuation du grand mesnage par vous tant utilement commencé, pour l'acquittement des debtes de Suisse, lesquelles, quelques grands deniers que l'on eust employez au payement d'icelles, auparavant

que vous fussiez aux affaires estoient tousjours
allées en augmentant au lieu de diminuer, aviez
trouvé un expedient pour acquitter huict millions, moitié sur le principal et moitié sur les
interests, pour un seul million, et ainsi de tout
le surplus desdites debtes.

Le huictiesme fut l'alienation à forfait de tous
les domaines et revenus du Roy, qui consistent
en menuës parcelles et droits casuels, et pour
lesquels il faut user de recherches, perquisitions
et mesnages, ou qui sont sujets à de grandes
reparations et entretenemens, et dont il faut
faire baulx à ferme sur les lieux, qui sont toutes
choses en quoi les thresoriers de France commettent de grands abus et brigandages, ayant
verifié, en faisant de dix années une commune,
tant desdits revenus que des frais et despences
faites pour les faire valoir, qu'il s'en faut plus
d'un cinquiesme que le Roy en tire aucune
chose, desquels neantmoins, en les vendant, l'on
pourroit faire un fonds de plusieurs millions,
pour racheter toutes bonnes rentes constituées
au denier dix, ce qui apporteroit une grande
descharge aux finances du Roy.

Le neufiesme expedient fut un party pour lequel vous aviez gens en main, qui offroient de
rachepter, pour quarante millions d'or, de tels
revenus royaux qu'ils voudroient choisir, moyennant la jouyssance d'iceux durant certaines années, à la fin desquelles ils les remettroient entre
les mains du Roy, francs et quittes de toutes debtes.

Et le dixiesme fut les conjonctions de la riviere de Seine avec Loyre, de Loyre avec Saone, et de Saone avec Meuze, par le moyen desquelles, en faisant perdre deux millions de revenus à l'Espagne et les faisant gagner à la France, l'on faisoit, par à travers d'icelles, la navigation des mers Oceane et Mediterranée, de l'une dans l'autre.

Toutes lesquelles propositions entendues par le Roy, comme c'estoit un esprit merveilleusement vif et prompt, et qui en matiere de comprehensions faisoit de grandes diligences, il vous respondit aussi-tost que vous aviez mis en avant beaucoup de belles besongnes, dont il y en avoit quelques-unes qu'à la vérité il n'entendoit pas suffisamment, d'autres dont les imaginations estoient, ce luy sembloit-il, bien vagues, et d'autres dont vous ne tireriez pas de long-temps beaucoup d'argent; voire prevoyoit-il que, pendant une si grande longueur de temps qu'il y faudroit employer, il arriveroit plusieurs accidens qui en aneantiroient la meilleure partie.

A quoy vous repartistes que la pluspart de ce que Sa Majesté avoit dit, pourroit bien devenir veritable, et qu'aussi ne luy aviez vous pas fait telles ouvertures pour en tirer de l'argent comptant, mais comme des mesnagements à faire en plusieurs années, selon que le temps et l'estat des affaires en pourroient faciliter les moyens, travaillant aux uns plus tost et aux autres plus tard, ausquels, pource que vous n'aviez pas le moyen de vaquer seul, dautant qu'il y falloit, en la pluspart d'iceux, employer des gens de robe longue, afin d'y observer les formes de justice, il n'y avoit point de danger de penser de bonne heure à preparer toutes choses, et à choisir des commissaires, afin de les instruire, osant bien respondre à Sa Majesté que si ces affaires estoient poursuivies comme elles meritoient, et non negligées par elle, ny abandonnées de son authorité, que, d'une façon ou d'autre, il s'en retireroit plus de deux cens millions à profit de mesnage; que vous ne laissiez pas d'avoir plusieurs autres inventions en l'esprit qui se trouveroient, vous n'en doutiez nullement, beaucoup plus selon son humeur, dautant qu'ils seroient de plus prompte execution et presente utilité, que vous seul estiez capable de les faire mettre en valeur quand la necessité des affaires le requerroit, et dont vous sçaviez tres-bien qu'il ne se tireroit pas moins de quatre-vingt millions d'or comptant; mais qu'il ne falloit jamais venir à ces moyens fort extraordinaires, comme creations d'offices, augmentations d'impositions, attributions, gages et droicts, et alienations de revenus, esquels consistoient tous ces moyens, que le royaume ne se vist en peril ou de grandes dépences à faire du tout necessaires, pource que lors chacun s'y accommoderoit volontairement; et que, pour luy monstrer un eschantillon des fruits qui se pourroient tirer de vos veilles et labeurs, vous luy feriez voir une augmentation de revenu annuel, sans rien imposer de nouveau sur son peuple, de plus de cinq millions, sur six sortes de ses revenus seulement, et ce dans deux ans; de la vente desquels, si l'on se vouloit apres servir, l'on en tireroit plus de soixante millions d'argent comptant; mais qu'il falloit reserver tout cela pour un grand besoin, et cependant que l'on estoit en repos et de loisir, travailler aux amesnagemens qui sont de longue haleine. Duquel discours (beaucoup plus amplifié à cause des repliques de Sa Majesté par vous retranchées pour briefveté) le Roy demeura fort content et satisfait, et vous dit, pour conclusion, qu'il falloit donc travailler à tout cela par années; dequoy il se reposoit sur vostre soin et integrité, et mesmes du choix des commissaires, desquels vous deviez neantmoins communiquer avec monsieur le chancelier, pour ceux qui seroient de justice, et qu'il vous assisteroit de sa personne et de son authorité, selon que vous jugeriez qu'il en seroit besoin (1).

A. — Recherche des deniers divertis.

Lettre de M. de Sully au Roy.

Sire,

§ 1. — J'ay cy-devant, suivant le commandement de Vostre Majesté, fait faire des extraits sur les

(1) XVI, 557, année 1604.

comptes rendus par les receveurs generaux et
particuliers des sommes des deniers qui avoient
esté divertis, tant par lesdits receveurs, tresoriers de France, que chambre des comptes. Surquoy lesdits tresoriers de France et receveurs se
voyans descouverts et poursuivis pour la restitu-
tion, se sont sauvez par deux moyens : le premier, en remonstant que de tous les divertisse-
mens ainsi faits, ils estoient coupables de la
moindre partie, et que le plus grand mal venoit
de la chambre des comptes; l'autre, en donnant
six cens mil livres à Vostre Majesté, et moyennant cela ont esté deschargez de tout ce que eux
et les comptables avoient mal fait.

Il reste donc maintenant à sçavoir de Vostre
Majesté si elle entend que l'on face pareilles
poursuites contre les chambres des comptes,
pour les deniers qui se trouveront avoir esté divertis par leur seule autorité, comme l'on a fait
contre les cy-devant dits receveurs et tresoriers
de France, dautant qu'il s'y rencontrera beaucoup plus de difficulté, ayant affaire contre des
corps et compagnies souveraines, et qui se défendent de leur pouvoir et autorité, et qui n'ont
à rendre raison de leurs jugemens, lesquels les
roys ont remis à leurs consciences.

Que si Vostre Majesté est resolue de les faire
poursuivre, je la supplie en vouloir escrire un
mot tant à vostre conseil et chambre des comptes en general, qu'à moy en particulier, dautant
que autrement je ne me sens pas assez fort et

puissant pour faire faire telles poursuites et res-
titution; mais ayant vos volontez et commandemens absolus, tout me sera facile, et ne crains
point que je ne vous face bien obeïr par tout où
je seray employé (1).

§2. —.... Partant nous nous contenterons de vous
ramentevoir que la pluspart de ceux du conseil,
et sur tous les intendans, ne laisserent en arriere
aucunes ruses ny advis à vous donner pour vous
faire mal recevoir dans les grandes villes, y
susciter des emotions populaires, et faire trouver
tous les officiers bandez contre vous et formellement opposez à tout ce que vous voudriez entreprendre, leur mandant qu'ils ne se missent
point en peine de vos boutades, dautant que ce
ne seroient que des orages et grondemens de
tonnerre qui ne feroient que rouler et passer
aussi-tost sans esclat ny fracas qui fust de du-
rée, car vous vistes des lettres de messieurs de
Fresne, Incarville et des Barraux qui usoient des
mesmes termes. Aussi trouvastes-vous les thresoriers de France, esleus, controolleurs et greffiers des eslections et bureaux, et partie des receveurs tellement obstinez à ne vous rien dire
ny monstrer aucuns estats, et à s'absenter des
villes à vostre arrivée en icelles, que vous n'en
peustes jamais chevir ny disposer d'un seul que
vous ne les eussiez tous interdits et suspendus

(1) XVII, p. 192, année 1607, Vérification des comptes
de 1595,

de leurs offices, et choisi entr'eux deux thresoriers en chaque bureau, et deux esleuz en chaque eslection pour exercer les charges de tous,
faisant publier que ceux-là seuls demeureroient
en leurs offices, que l'on feroit rente de la finance
des autres, et que cela seroit authorizé par l'assemblée de Roüen, qui n'estoit convoquée, ce
leur faisiez vous croire, que pour supprimer
cette effrenée quantité d'officiers qui destrui-
soient tous les revenus du Roy, sur tout les
thresoriers de France, qui ne songeoient qu'à
dissiper et desrober, sans s'employer en aucune
façon à ce qui estoit principalement des fonctions
de leurs charges. Tellement qu'enfin estans tous
ces gens portez dans l'estonnement, vous estant
fait représenter non seulement tous les estats de
l'année courante et precedente, et les mandemens, acquits, patentes, rescriptions et autres
assignations levées sur toutes natures des deniers, mais aussi les comptes et estats des trois
années precedentes, vous grapillastes si bien
pour le Roy, et principalement sur les assignations levées pour vieilles debtes, remboursement
de prests, anciens arrerages de gages, rentes et
pensions à gens sans merite, rescriptions en
blanc ou payables au porteur ou à personnes
sous noms supposez, que vous rassemblastes
bien cinq cens mil escus, sans que nul des autres
commissaires, réservé le sieur de Caumartin
qui fist venir deux cens mil livres, rapportast
un seul denier au Roy, mais seulement quelques

memoires de parties que l'on pourroit reculer
ou retrancher si le conseil l'ordonnoit ainsi. De
toutes lesquelles sommes ainsi par vous recou-
vertes vous fistes dresser quatre petits bordereaux pour vos quatre generalitez (que vous
n'eustes pas loisir d'achever, dautant que le Roy
vous pressoit de revenir), où estoient spécifiées
par receptes et natures de deniers toutes les
sommes par vous voicturées et iceux signez par
les huict receveurs generaux des deux années
dernieres, comme leur ayant esté mis és mains
par les receveurs particuliers; lesquels bordereaux vous portastes toujours sur vous, et vous
vindrent bien à propos, comme il sera dit cy-
apres. Vous aviez un equipage de soixante et
dix charrettes chargées, pource que vous aviez
esté contraint de prendre quantité de monnoye,
à la suitte desquels estoient les huict receveurs
generaux, accompagnez d'un prevost et de trente
archers pour l'escorte.

Or si vous aviez eu l'esprit travaillé durant
cette odieuse commission, le Roy en eut bien sa
bonne part, dautant que ceux qui envioient ce
vostre premier grand éclat de bonne fortune,
en matiere de finance, où tous vouloient tousjours luy persuader que vous n'entendiez ny
n'entendriez jamais rien, ce mestier estant de
trop difficile discution et intelligence pour un
esprit impetueux comme le vostre, qui ne vous
estiez jamais meslé que de porter une harque-
buse, endosser un harnois et faire l'estradiot,

susciterent tous les princes et grands, et notam-
ment monsieur le connestable et tous ceux desquels le Roy affectionnoit plus les personnes et
leur assiduel service près de la sienne, pour luy
aller faire des plaintes que vous aviez pris toutes
leurs assignations, et que quand l'argent que
vous apportiez, dont il se faisoit tant de bruict,
seroit arrivé, il n'en profiteroit pas d'un liard,
pource qu'il le faudroit rendre aux uns et aux
autres ausquels vous l'auriez osté; puis firent
courir le bruict que vous traisniez après vous
plus de cinquante receveurs et officiers, tous
prisonniers, et que, sans cette violence, vous
n'eussiez pas plus apporté d'argent que les autres. Tellement que le Roy, lequel ne se fust jamais pu imaginer qu'il n'y eust quelque chose
de vray en toutes ces accusations que l'on luy
donnoit pour toutes certaines, ne sçavoit quasi
que repliquer, jusqu'à ce que vous estant arrivé
et l'estant allé trouver (apres que vous eustes
mis toutes vos charrettes dans une grande cour
de vostre logis chez le sieur de Martinbault et
une autre proche de là, que vous aviez envoyé
retenir expres pour cet effet, à la garde desquelles vous laissastes leurs commis et les archers), il vous eut dit, lors que vous luy fistes
la reverence, en vous embrassant assez gratieu-
sement, mais un peu plus froidement et avec
moins de carresses que vous n'aviez esperé, luy
faisant voicturer tant d'argent qu'il ne s'en
estoit jamais veu une telle somme qui ne fust

affectée qu'à ce qu'il luy plairoit. « Hé bien !
« Rosny, si vous avez eu bien de la peine,
« comme je n'en doute point, en l'execution de
« vostre commission, croyez que je n'en ay pas
« moins eu à soustenir tant de plaintes que l'on
« m'a faites de tous costez, de l'argent que vous
« avez pris aux uns et aux autres, qu'il leur fau-
« dra tousjours rendre : car mon esprit ne sçau-
« roit supporter toutes ces crieries, et aussi, à
« la verité, ne seroit-il pas juste d'oster à tant
« de gens de qualité ou autres, dont je ne me
« puis passer pres de ma personne, ce que je
« leur puis avoir ordonné pour y vivre et s'y en-
« tretenir. »

« Je voy bien, Sire, luy dites vous, que l'on
« vous a fait de beaux contes, et que vous y
« avez un peu trop promptement adjousté foy.
« L'argent que je vous ay fait voicturer est à
« vous et le pouvez rendre à qui il vous plaira ;
« mais je n'estime pas que vous cognoissiez trois
« hommes de tous ceux qui vous en pourroient
« importuner. — Comment, dit le Roy (car
« nous estions presens à tous ces discours bien
« estonnez et marris tout ensemble que vous
« n'aviez esté plus carressé à vostre arrivée),
« vous n'avez pas pris les assignations de mes
« cousins les princes de Conty, comte de Sois-
« sons, duc de Montpensier, de mon compere
« le connestable et de tant d'autres personnes
« que vous sçavez que j'ayme particulierement,
« ou desquelles je ne me puis passer, qu'il ne

« me souvient pas de la dixiesme partie de ceux
« qui sont venus crier après moy à cette occa-
« sion? — Non, Sire, respondistes vous, je vous
« puis jurer devant Dieu que je n'ay pas apporté
« un seul denier de toutes les assignations qui
« estoient sous les noms de ces messieurs ny d'au-
« tres que j'aye pensé que vous cogneussiez tant
« soit peu, mais leur en ay à tous laissé le fonds,
« ne leur ayant fait autre préjudice que d'a-
« voir à mon arrivée arresté le payement de tou-
« tes assignations ; mais à mon partement j'ay
« baillé main levée et ordonné aux receveurs de
« payer, suivant leurs estats, mandemens et
« rescriptions, toutes telles parties desquelles
« vous pourriez estre importuné, et m'asseure
« que messieurs les princes du sang, monsieur
« le connestable, madame la marquise et les
« menus officiers servans prés de vous, sont à
« present payez de leur quartier d'avril, et le
« seront aussi de ceux de juillet et d'octobre
« lors qu'ils escherront. — Mais m'asseurez vous
« de cela? dit le Roy. — Ouy, Sire, distes vous,
« je vous en asseure, et vous le jure en bonne
« foy. Hé! hé! vray Dieu, m'estimeriez vous bien
« si beste et si effronté que de vous dire une men-
« terie qui se pourroit aussi-tost verifier ?

« Pardieu! dit le Roy, voilà des meschantes
« gens, et d'impudentes calomnies et impostures.
« Mais quant à tous ces receveurs et officiers
« que vous amenez prisonniers à vostre suitte,
« qu'en ferez vous? Mais que voulez vous que

« je fasse, moy, de receveurs et officiers prison-
« niers? — Sire, repartistes vous, helas! que
« voudroient les autres que j'en fisse moy
« mesme? Il faudroit bien que j'eusse eu le sens
« perverty, d'en avoir usé de la façon : aussi ne
« sçay-je que c'est que l'on veut dire de tout
« cela, ny surquoy on le peut fonder, car il y a
« encor moins de pretexte qu'en l'autre accusa-
« tion. — Quoy, dit le Roy, vous n'avez pas ar-
« resté prisonniers plus de cinquante receveurs
« ou officiers? — Pardieu non! pas seulement
« un, Sire, luy distes vous, et s'il se trouve la
« moindre chose fausse de tout ce que je vous
« asseure, je veux perdre vos bonnes graces, et
« que vous me priviez à jamais de l'honneur de
« vostre amitié, qui sont les choses que je tiens
« les plus cheres en ce monde. — Puisque vous
« le dites de cette façon, je le croy, dit le Roy;
« mais n'en parlons plus, j'en rendray de bien
« estonnez lors que je leur diray que toutes les
« choses que l'on m'avoit dit de vous sont autant
« des mensonges. Mais quant à l'argent que vous
« m'avez apporté, quelle somme y a-t'il bien?
« dites le moy à peu pres, si vous ne le sçavez
« du tout au vray. — Sire, distes vous, je croy
« qu'il s'y trouvera bien quinze cens mil livres
« et plus; car aussi n'a-il pas esté diverty un
« seul denier de tout ce que j'ay ramassé à au-
« cune despence, n'ayant pas mesme rien voulu
« prendre pour moy, soit de mes estats et pen-
« sions, soit des frais de mon voyage. — Or bien,

« dit le Roy, je feray en cela tout ce que vous
« voudrez, et m'avez si bien servy, que des a
« present je vous donne six mille escus, outre ce
« qui vous sera deu, et augmente vostre pension
« de mil francs par mois, à six cens escus, afin
« de vous donner moyen de despendre. Servez
« moy tousjours bien et loyallement seulement
« comme vous avez fait jusques icy: ne vous
« souciez pas du reste (1). »

§ 3. — Le Roy ayant, ainsi qu'il a esté dit, par
sa valeur et sa prudence, calmé toutes les tem-
pestes desquelles l'Estat avoit esté par tant d'années, vivoit paisiblement dans son royaume, avec
la mesme douceur et familiarité qu'un bon pere
de famille fait avec ses enfans et domestiques,
s'employant soigneusement à trouver les moyens
propres pour assoupir toutes haines, animositez
et querelles particulieres, à faire rendre justice
esgale à un chacun, sans acception de personnes,
à méliorer ses revenus, et soulager son peuple ;
et sur tout, sçachant par expérience qu'il n'y a
rien qui tesmoigne davantage la décadence prochaine d'un Estat que l'effrenée multiplicité
d'officiers, et la licence que se donnent ceux de
justice et de finance, de s'enrichir excessivement
aux despens des revenus publics et des biens
des particuliers, il fit premierement un grand
retranchement d'officiers; et, pour rompre la

(1) XVI, 229, année 1596.

coustume qu'avaient pris ceux de finance de faire des profits indeubs, il fit establir une chambre royale (1) pour la recherche des abus et malversations commises par les thresoriers receveurs et autres financiers : laquelle, contre votre advis, comme toutes les autres du passé, se termina par les brigues menées et abondance de présents des plus riches aux courtisans et favoris, tant hommes que femmes, que vous sçavez bien sans que je les nomme, en une composition qui fut cause que les pauvres grimelins de larroneaux payerent pour les grands voleurs et brigands, auxquels seuls vous vouliez que l'on fist rendre gorge tout à fait, voire que l'on les punist de corps, tant, ce disiez-vous au Roy, pour donner telle appréhension à ceux de l'advenir qu'ils fussent contraincts de vivre en gens de bien, que pour oster et banuir entierement le luxe, la superfluité et toutes sortes d'excès en habits, pierreries, festins, bastiments, dorures, carrosses, chevaux, trains, équipages et mariages de fils et de filles, que le seul exemple de telles gens introduisait à la ruine de la vraye et ancienne noblesse acquise par les armes (lesquelles seuls peuvent donner le titre de gentilhomme); la

(1) Elle fut composée d'un président du Parlement de Paris et de deux conseillers, de deux maîtres des requêtes, d'un président et de quatre conseillers de la Chambre des comptes, d'un président et de trois conseillers de la Cour des aides, d'un des avocats généraux du Parlement, etc. On envoya dans les provinces des commissaires.

plupart desquels induits à telles vanitez, et enfin de satisfaire à icelles, ne prenoient plus alliance les uns avec les autres, à cause des petits
mariages qu'ils avoient moyen de donner à leurs
enfants, mais aux fils et filles de ces gens de robe
longue, financiers et secretaires, desquels les
peres ne faisaient que de sortir de la chicane,
de la marchandise, du change, de l'ouvroir, de
la boutique, ce qui enfin abastardirait... toute
la vraye noblesse... ; toutes lesquelles raisons
le Roy goustoit fort bien et s'y laissoit quelques
fois entierement persuader.

Mais il se trouva en fin tellement importuné
par la Reine et autres dames qu'il aymoit, par
monsieur le connestable, messieurs de Boüillon,
de Belle-garde, de Conchine, de Roquelaure,
Souvray, Frontenac, la Varenne, Zamet, Gondy,
Bonnueil et autres personnes qui l'approchoient
et pouvoient quelque chose sur son esprit par
coustume ou services de complaisance, ausquels
tous les presents n'estoient point espargnez, qu'il
se laissa emporter à la pire resolution (1).

§ 4. — La recherche des financiers fut continuée
toute cette année, et en fin, contre votre advis,
terminée en une composition à l'accoustumée,
par le moyen de laquelle les gros larrons, en
graissant les mains aux dames et courtisans de
faveur, s'exemptèrent de chastiment, et firent

(1) XVI, 372, année 1601.

tomber tout le faix des restitutions sur les pauvres grimelins de larroneaux (1).

§ 5. — L'estat sommaire des deniers divertis par les chambres des comptes et tresoriers de France, ou autres par leur connivence, extrait des quatre liasses, dressées sur ce suject, qui portent toutes les verifications, montant 877,937 livres 12 sols (2).

B. — RACHAT DE DOMAINE ET D'OFFICES.

§ 1. — Lors que les roys mes predecesseurs sont tombez en pareilles adversitez, ils ont eu recours aux alienations de leurs domaines, constitutions de rentes, creations d'offices, augmentations de tailles, gabelles et impositions; mais maintenant toutes ces choses sont parvenuës à tel excez, qu'il ne s'en peut tirer ny espérer aucune assistance. Quoy donc, faudra-il laisser dissiper l'Estat, ou l'assujettir aux estrangers? Je m'asseure que nul de vous n'a le cœur si lasche que de l'endurer. Pour mon regard, je souffrirois plutost mille morts, et espere vous laisser des enfans pour roys, qui n'auront pas moins de courage. Parquoy, ne sçachant où prendre des moyens, tenez pour certain que l'on s'adressera au fonds des rentes, comme le plus facile, et crains qu'en fin, telles affaires continuans ou

(1) XVI, 616, année 1604.
(2) XVII, p. 270, année 1609.

tirans à la longue, eux ou moy soyons contraints par la necessité, qui est la loy de toutes les loix, de faire banqueroute non seulement à cette nature de debte, mais à tous creanciers de l'Estat, chose que je veux éviter de toute ma puissance, et l'éviteray infailliblement si vous y contribuez, ce que l'ancienne fidélité des François me fait esperer de vous.

C'est pourquoy, voyant que la paix et le repos universel que mes labeurs ont acquis à la France, nous promet, ou plûtost nous appelle à des consultations et occupations si loüables et si justes, je me suis resolu, pour prevenir tels inconveniens, d'entrer au rachapt et admortissement des rentes, engagement de domaines, suppression d'offices et diminution d'impositions, en remboursant du sort principal les proprietaires qui les ont acquises loyallement et de bonne foi. Mais, avant que d'ouvrir aucun expédient, je désire prendre vostre conseil et recevoir vos advis communs; et pour vous donner moyen de les mieux former, je veux que sans vacquer à aucune autre affaire, soit publique ou privée, vous vous assembliez deux fois le jour, afin de trouver les expediens plus propres et advantageux pour faciliter cette mienne intention, lesquels j'escouteray volontiers, et les approuveray si l'exécution peut suivre la proposition; sinon j'espere moy-mesme vous faire des ouvertures qui ne seront à rejetter, ne desirant establir autre justice en cette affaire que celle qui de droict se peut pratiquer entre deux particuliers. Mais, quoy qu'il y ait, tenez pour arresté en vos esprits que je ne me departiray jamais d'une telle resolution, quelques difficultez et empeschemens que vous y puissiez apporter, dautant que je le tiens non seulement juste et utile, mais tellement necessaire que la conservation de cét Estat y est conjointe et attachée. Travaillez donc de cœur et de courage à un si bon affaire, qui est pour vous mesmes, et pour le bien de tous en general; et chacun en particulier me fasse cognoistre combien il m'ayme, et desire faire service agreable, vous souvenant que je n'oublieray jamais ceux qui auront bien ou mal procedé en cette occasion, mais le recognoistray chacun selon son merite, et que je veux estre esclaircy de vos deliberations dans huit jours (1).

Lettre de M. de Sully à M. le président de Verdun.

§ 2. — Monsieur, le Roy ayant délivré son royaume des guerres estrangeres et civiles qui l'avoient travaillé par tant d'années, et restably la paix en toutes les parties d'iceluy, a estimé ne pouvoir employer un si profond repos qu'au restablissement de toutes choses, remettant en valeur ce qui avoit esté comme dissipé durant nos miseres. Or, ayant reconnu que le domaine royal

(1) XVI, p. 619, année 1604, Discours du roi à un conseil extraordinaire.

de la couronne estoit la partie de l'Estat la plus offencée, il a creu que c'estoit celle dont il devoit aussi plus procurer la restauration. Suivant lequel dessein nous avons en aucunes provinces establly quelques reglemens et moyens pour y parvenir, esperant que cela seroit receu avec loüange et applaudissement de tous les amateurs de leur patrie, et singulierement des officiers du Roy. Mais vostre compagnie a trompé nos esperances par son arrest donné sur la declaration du rachapt et reünion des greffes de la province au sacré domaine de la couronne; et ne pouvons assez nous estonner comme une compagnie si celebre, et de si bonne reputation dans l'esprit du Roy, peut avoir trouvé à redire à une chose si utile, si necessaire et si juste, fondée sur la justice generale et particuliere, et sur les propres termes des contracts des acquereurs qui portent expressément que l'alienation est faite à faculté de rachapt perpetuel; de laquelle clause, par une forme de proceder inoüye, vous avez excepté les greffes de vostre compagnie, dequoy le Roy s'est infiniment offencé; et sans l'assurance qu'aucuns des amis de vostre compagnie luy ont donné, que le tout seroit facile à raccommoder, je croy qu'il eust voulu estre esclaircy par la bouche des principaux d'icelle, des causes d'un tel refus, qui ne peut estre plus juste pour les greffiers de vostre compagnie, que pour ceux des autres de toute la province.

Je vous supplie donc au nom de Dieu, donnez

ordre que cette affaire passe doucement, car il en peut arriver chose où vous auriez regret. Et, puis que les greffiers, qui sont aujourd'huy comme vrays proprietaires des greffes, les peuvent vendre, aliener, eschanger et transporter à quelque personne que ce soit, tout ainsi qu'une terre de leur heritage, est-il à estimer que le Roy ait moins de puissance qu'eux, principalement se l'estant reservée par les contracts d'engagement? J'ay estimé estre à propos de vous escrire ce mot comme à mon amy particulier, qui en sçaura bien user au contentement du Roy, du public et de toute vostre compagnie; et attendant autre occasion où j'aye moyen de tesmoigner à elle et à vous le service que je vous ay voüé, je prieray le Createur, Monsieur, qu'il vous augmente ses sainctes benedictions (1).

De Paris, ce premier janvier 1607.

MAXIMILIAN DE BETHUNE, DUC DE SULLY.

C. — VÉRIFICATION DES RENTES.

§ 1. — Vous fistes aussi deffences aux payeurs des rentes d'en acquitter plus aucunes sans arrest du conseil, dautant que le Roy avoit fait verifier que l'on en payoit plusieurs qui avoient esté rachetées ou qui avoient esté constituées sans argent (2).

1) XVII, p. 199.
(2) XVI, 331, année 1600.

§ 2. — Or, nous vous ramentevrons comme, ayant durant les années passées grandement tra- vaillé à la recherche des bonnes et mauvaises ren- tes et fait voir au Roy par bons extraits, pièces et mémoires authentiques, tirez des chambres des comptes, cour des aydes et autres lieux, qu'il y avait moyen, sans faire aucune injustice, de tirer de cette recherche un profit de six millions pour Sa Majesté, elle n'eut plus besoin d'être sollicitée pour y apporter son authorité, car elle vous ra- mentevait toujours cette affaire par ses lettres.

Sa Majesté ayant par plusieurs fois, conferé avec vous et veu divers memoires que vous aviez dressez pour establir de tels reglemens sur la forme de l'imposition, perception et distribution des deniers royaux, que par iceux tout moyen seroit osté à tous financiers de divertir aucuns deniers, ny faire en leurs charges nuls profits sans estre par vos découverts, en assignant toutes les non-valeurs de l'année courante pour les gages des thresoriers de France de la subsequente (tous lesquels ordres Sa Majesté approuva gran- dement pour les amenagemens et recouvremens de deniers), vous luy fistes ouverture de neuf sortes d'expediens, afin de les pratiquer selon les temps et les occasions, se gardant tousjours bien de les entamer tous à la fois. Le premier desquels fut la continuation de la verification des bonnes et mauvaises rentes, dont il a desja esté parlé cy-devant, et aviez lors dressé des maximes sur lesquelles les commissaires qui seroient establis se devroient regler, que le Roy jugea tres-necessaires (1).

D. — Surveillance des comptables.

§ 1. — Remettans à discourir plus amplement, touchant les importantes affaires du penultiesme chapitre, à une autre fois, lors que vous nous en aurez mieux esclaircy, et des particularitez dont il traitte, nous continuerons le récit de plusieurs choses faites dés le commencement de l'année 1608, et lettres qui vous furent escrites, ou que vous escrivistes les unes apres les autres, selon l'ordre de leurs dattes, et commencerons par un reglement que vous envoyastes à quelques-uns des principaux comptables pour estre observé, qui estoit tel que s'ensuit :

Reglement pour les comptables.

Monsieur le tresorier de l'espargne se souviendra de n'assigner aucune partie des debtes ordonnées à plusieurs seigneurs, gentils-hommes et particuliers de ce royaume, suivant l'estat des deniers en acquit ou autre que ce soit, sans ordonnance de mondit seigneur le duc de Sully, sur les acquits patents qui luy seront rapportez ; ny aussi n'assignera aucuns dons ny pensions laissez sous son nom dans les Estats, de quel-

(1) XVI, 553, année 1604, ch. cxxxv.

ques generalitez que ce soit, ny des gabelles de
Languedoc, pour certains officiers de cours souveraines, sans avoir ordonnance de mondit seigneur.

Se souviendra aussi de n'expedier aucun mandement au tresorier des menus ny autres comptables, pour le payement des postes, mais les
laissera payables sur les lieux, suivant les estats
du Roy envoyez aux generalitez de ce royaume.

N'assignera pareillement le tresorier des ligues de Suisse, d'aucune partie tant ordinaire
qu'extraordinaire, outre le fonds laissé dans l'estat general des finances, sans ordonnance de
mondit seigneur.

Et observera encore le semblable, tant pour
les tresoriers de l'artillerie que pour ceux de
l'extraordinaire de la guerre, et tous autres
comptables que ce soit, pour le fonds tant ordinaire qu'extraordinaire qui pourra exceder celuy
qui leur est laissé dans ledit estat des finances
de Sa Majesté.

Monsieur le tresorier des ligues de Suisse en
charge durant l'année presente 1608, se souviendra, durant son exercice, de retenir, avant
toutes choses, la somme de cent mille livres, sur
les douze cens mille livres ordonnées aux Suisses
pour leur fonds ordinaire, laquelle somme de
cent mille livres sera seulement employée au
payement des debtes qui s'acquitteront par composition, à raison de six pour un.

Et quant au surplus dudit fonds ordinaire, le

pourra délivrer sur les lieux par les ordonnances des ambassadeurs ; mais pour celuy qui sera acquitté en France, soit ordinaire ou extraordinaire, se souviendra de n'en vuider ses mains, que suivant les ordonnances du conseil ou de mondit seigneur le duc de Sully.

Monsieur le tresorier de l'artillerie en charge durant l'année 1606 se souviendra de rapporter un estat au vray de la recepte et despence actuelle qu'il a faite durant ladite année, afin que les reprises, s'il y en a, soient examinées, et que l'on reconnoisse quels payemens lui restent à faire pour la despence de ladite année.

Monsieur le tresorier de l'extraordinaire deçà les monts, en exercice durant l'année 1608, se souviendra de n'acquiter aucune partie non comprise en ses estats d'assignation du conseil, sur son fonds ordinaire, ou sur celuy qui luy sera extraordinairement fourny par le tresorier de l'espargne, ou autre que ce soit, sans ordonnance dudit conseil ou de mondit seigneur le duc de Sully, lesquelles ordonnances il sera tenu de rapporter en l'examen de son estat au vray ; autrement seront les parties rayées sur lesquelles lesdites ordonnances ne se rapporteront.

Monsieur le secretaire du conseil se souviendra de faire mettre à part tous les arrests concernant les octrois des villes, continuez par le conseil depuis l'année 1600.

Fera le semblable pour tous arrests, articles ou partis concernant la reünion et rachapt du

domaine, soit à la requeste de certains particuliers ou bien sur les offres des partisans; ce qu'il
prendra la peine de chercher dans ses minuttes
depuis ladite année 1608.

Et doresnavant tout ce qui s'expediera, tant
pour lesdits octrois que pour ledit domaine,
comme aussi tout autre reglement qui sera par
forme d'arrest ou autrement, concernant le fait
des finances, ledit sieur prendra la peine de les
faire mettre à part, et d'en envoyer une copie
à monseigneur le duc de Sully, toutes les fois
que les resultats du conseil se signeront.

N'obmettra de faire aussi le semblable pour
les baux à ferme lors qu'ils seront renouvellez.

Messieurs les tresoriers de l'espargne se sou-
viendront encore de dresser un estat bien exact
de toutes les debtes payées aux années de leurs
exercices, depuis celle de 1598, tant aux princes
estrangers, sur quelques fonds que ce soit, qu'à
toutes autres personnes, sur leurs debtes anciennes du sel et des grosses fermes, dans lequel
estat lesdites natures de debtes et les payemens
faits desdites années seront bien particulièrement distinguez et specifiez.

Monsieur le sergent se souviendra d'achever
le plustost qu'il se pourra les apostilles qui luy
ont esté ordonnées, par monseigneur le duc de
Sully, de faire sur le registre des debtes de
Suisse, et outre cela, dresser un estat, bien exact
et par années, séparé, de toutes les debtes qui
leur ont esté payées, tant sur leur fonds ordi-

naire que sur les deniers extraordinaires, depuis ladite année 1598.

Monsieur le secretaire du conseil se souviendra, durant qu'il sera en exercice, à l'advenir, de n'expedier aucune continuation d'octroy par arrest du conseil, sans y mettre ces clauses, que doresnavant ils seront tenus d'en compter de six ans en six ans, et d'en rapporter estat verifié par les tresoriers de France sur les lieux, à M. le duc de Sully, grand voyer de France.

Monsieur de Ligny se souviendra de dresser un estat general, mais distingué neantmoins, par années, s'il est possible, de toutes les rentes rachetées par le Roy, tant sur les domaines, receptes generales et particulieres, que sur le parisis de ses greffes, et essayera de rendre ledit estat si exact qu'il n'y soit obmis aucune desdites rentes racheptées.

Le sieur Lichany se souviendra, tous les mercredis et tous les samedis à midi, de venir rendre compte à monseigneur le duc de Sully, pour les pavez de Paris, et à mesure que les hastelliers changeront, dressera un autre pour la distribution desdits hastelliers, lequel il presentera à monsieur le grand voyer, pour estre signé, portant contrainte, et le fera executer avec toute rigueur et severité. Et au cas que l'entrepreneur fasse travailler trop negligemment aux endroits ordonnez par ledit estat, à l'instant y sera employé des paveurs de Paris, autres que ses associez, lesquels seront remboursez du fonds dudit

entrepreneur, sans aucun retardement. Et, pour
cet effet, pourra ledit Lichany donner ausdits
paveurs de Paris des extraicts dudit estat, afin
qu'ils s'employent eux-mesmes à visiter lesdits
endroits, et à reconnoistre si ledit entrepreneur
y fait travailler comme il est tenu (1).

§ 2. — Desirant vous descharger donc de toutes
ces importunitez, vous resolustes de ne garder
plus ces deniers dans vostre logis, ny ne vous mesler pas davantage en particulier de la distribution
d'iceux, mais de les mettre és mains des tresoriers de l'espargne, qui en delivreroient leurs
quittances aux receveurs generaux qui les leur
fourniroient (lesquels d'ailleurs pressoient infiniment d'avoir congé pour aller faire leurs charges); dequoy vous fistes telles instances au Roy,
qui vous disoit tousjours : « Si cet argent est une
« fois és mains de ces tresoriers, il sera bien
« tost dissipé, » qu'en fin il vous le permist,
sous l'asseurance que vous luy donnastes de
prendre si bien garde à la distribution de ce qui
resteroit, qu'il n'y auroit rien d'esgaré ; et suivant cela vous fistes mettre environ quatre cens
cinquante mil escus és mains des deux tresoriers,
Morfontaine et Gobelin, gardant tousjours fort
soigneusement les quatres bordereaux dont nous
avons parlé cydevant, pour justification de ce
que vous aviez assemblé; desquels vous ayant

(1) XVII, 230, année 1608.

esté demandé copie par les receveurs generaux, vous leur distes (et ce croyons nous avec artifice et dessein) que vous les aviez deschirez si tost que vous fustes arrivé à Roüen, croyant qu'ils ne servoient plus de rien, puis qu'eux mesmes y estoient en personne ; ce qui estant par eux rapporté, comme vous le sceustes depuis, fut cause de la seconde broüillerie dont nous avons parlé, que vous eustes, non avec le sieur de Sancy, mais avec le sieur d'Incarville. Car comme il se fut passé environ un mois sans que vous fissiez semblant de vous mesler plus en particulier de la distribution de l'argent, de laquelle neantmoins vous faisiez tousjours des memoires de la despense, suivant les ordonnances qui s'en expedioient au conseil, il arriva que le Roy en voulant faire une entreprise d'importance sur les frontieres de Picardie, et sur celle qu'un certain particulier disoit avoir sur Hedin, comme il en parla aux sieurs de Sancy, de Schomberg et de la Grange-le-Roy, pour envoyer deux cens mille escus à Amiens, ils luy respondirent, que s'il alloit tousjours ainsi viste à cet argent, il n'y en auroit tantost plus, n'estimant pas qu'il en restast plus, apres ce qu'il en demandoit, entre les mains des tresoriers; mais qu'ils s'en informeroient d'eux, et du controlleur general des finandes d'Incarville, qui tenoit le registre de tout ce qui se recevoit et despendoit; lequel ayant fait venir parler au Roy, il luy dit qu'il n'estimoit pas que les deux cens mille escus que

l'on luy avoit dit y fussent de reste; dequoy le
Roy estonné, car vous luy aviez dit, il n'y avoit
que trois jours, qu'il y avoit bien encor prés de
quatre cens mil escus : il vous envoya querir et
vous conta tout cela ; dequoy vous vous mistes à
rire et luy dites qu'il ne fist pas difficulté d'employer quatre ou cinq cens mille livres pour une
si bonne affaire que celle qu'il vous avoit dite,
et que vous donneriez bien ordre qu'il n'y auroit
rien d'esgaré de ces deniers.

Sur lesquels propos les sieurs de Sancy, d'Incarville, d'Hudicourt, des Barraux et de Bussy-
Guibert, estans arrivez, le Roy les appela et leur
demanda quel argent il pouvoit bien encor avoir
de reste; tous lesquels s'estans mis à regarder
le sieur d'Incarville, et repliqué que c'estoit lay
qui en pouvoit rendre meilleure raison, comme
ayant les registres, il dit qu'il n'estimoit pas que
le Roy peut plus faire estat que d'environ deux
cens mille escus. « Comment deux cens mille
« escus? repartistes vous. Hé, vray Dieu! que
« seroit devenuë encor pareille somme ou à peu
« prés qu'il faut qu'il y ait de reste ? — Monsieur,
« repartit M. d'Incarville, tout cela consiste à
« voir la recepte et la despence par bons papiers
« bien signez, dautant que la memoire, quelque
« bonne que vous la peussiez avoir, n'estoit pas
« capable de retenir tant de particularitez, et
« que s'il plaisoit au Roy il luy en rapporteroit
« un estat au vray conforme à ses registres,
« ausquels il ne s'estoit encor jamais trouvé

« d'erreur. — Eh bien, ce dit le Roy (craignant
« comme il vous le dit apres que vous vous fus-
« siez abusé, voyant que tant de gens faisoient
« si bonne mine et parloient si asseurément),
« dressez cét estat aujourd'huy et me l'apportez
« demain au matin. » Et si-tost qu'ils furent sor-
tis, Sa Majesté vous dit tout ce que dessus, et
que vous prissiez bien garde à ne vous estre
pas abusé et à ne contester pas contre tant de
gens des choses que vous ne peussiez verifier.
« Sire, luy respondites vous, je vous supplie
« croire que je ne dis rien que je ne justifie fort
« bien, si ce n'est qu'ils ayent fait faire des
« despences depuis que l'argent n'est plus à mon
« logis, que vous ny moy n'avons point sceuës,
« ny qui n'ont point esté resoluës en plain con-
« seil, car j'ay esté soigneux de tout escrire. —
« Mais regardez bien, vous dit le Roy, à ne vous
« tromper pas; car aussi ne voulois-je pas que
« vous ostassiez l'argent de vostre logis, et serez
« cause du mal s'ils ont diverty quelque chose.
« — Sire, dites vous, ne vous mettez point en peine
« de cela, car j'ay tous mes papiers prests pour
« verifier ce que je dis. — Or bien, dit le Roy,
« preparez-vous pour demain matin. » Auquel
estans revenus tous ces messieurs avec leurs estats, le sieur d'Incarville monstra au Roy un
estat fort embarrassé pour le regard de la recepte à cause de la diversité des natures de deniers et des années dont vous aviez ramassé
l'argent, croyant, comme les receveurs leur

avoient dit, que vous n'aviez nuls papiers pour
la faire voir au vray par pieces signées, et que
le Roy ne se donnant pas loisir d'assister à de
si longs examens, ils en feroient remettre la
preuve sur ce qu'en demanderoient les receveurs
generaux, qui feroient reduire l'affaire, comme
ils le desiroient, à longs jours.

Mais si tost que vous eustes veu ces estats
ainsi envelopez, vous leur dites qu'il ne falloit
faire qu'un bref estat de . la recepte où toutes
natures fussent confonduës, afin d'en faire voir
la somme totale au Roy sans aucune peine ;
dautant, que par la despence n'ayant fait payer
une seule partie sans son commandement, tant
que l'argent avoit esté en vostre logis, et le semblable ayant deu avoir esté observé depuis, Sa
Majesté se souviendroit bien de toutes. « Par-
« tant, Monsieur, distes vous au sieur d'Incarville,
« sçachons seulement combien vous estimez que
« monte le total des deniers que j'ay fait voictu-
« rer, car pour le surplus je n'en suis pas en
« peine. — Je n'ay pas fait le calcul de tant de
« diverses sortes de natures de deniers, à cause
« de la diversité des eslections et receptes. —
« Mais encore, repartit le Roy, combien monte
« toute la recepte? car je vous tiens si intelli-
« gent et diligent, que vous ne l'ignorez pas. »
Sarquoi se voyant ainsi pressé, il dit : « J'estime,
« Sire, qu'elle peut monter à douze cens mil
« livres ou environ, qui est une somme tellement
« immense pour ceux qui n'ont jamais veu que

« le revenu de leur maison, qu'il leur semble
« qu'elle ne sçauroit jamais estre toute employée.
« — Monsieur, luy repartites vous un peu en
« colere, tout ce que vous dites est bon, mais je
« maintiens, puis qu'il en faut venir si avant,
« qu'il y a faute de plus de deux à trois cens mil
« livres, et m'asseure que si les receveurs, és
« mains desquels j'ay fait remettre les deniers,
« estoient icy, qu'ils ne le nieroient pas, et suis
« bien marry que je n'ay retenu les recepissez
« par inventaire qu'ils m'en avoient donnez. —
« Et bien, Monsieur, puis que vous n'en avez
« rien pour le justifier, vous dit la Grange-le-Roy
« (car M. de Sancy ne disoit mot), il faut donc,
« sans davantage contester, faire une bonne dé-
« pesche aux receveurs generaux, afin qu'ils
« envoyent un estat de ce qu'ils ont fourny à
« l'espargne avec l'ampliation de leurs quittan-
« ces. — Non, non, Monsieur, luy repartites
« vous, il ne faut pas remettre cette affaire à si
« longs jours. — Et bien donc, Monsieur, dit le
« sieur d'Incarville, s'il vous plaist prendre la
« peine de venir en mon logis, dautant que les
« registres du Roy n'en sortent point, nous véri-
« ficrons vous et moy sur iceux les estats que
« j'ay presentement apportez au Roy, lesquels, à
« la vérité, seroient de trop ennuyeux examen
« devant Sa Majesté, et toujours n'en croiriez
« vous rien que sur pieces signées, que vous
« verrez toutes escrites de d'Arnault et de l'Hoste
« que vous aimez, et lors que je vous auray

« rendu le cœur content, vous tirerez celuy du
« Roy de la défiance où vous le jettez sans grand
« sujet. »

Vous estant donc ainsi separez des autres et
acheminez ensemble à son logis, il vous fit veir
et feuilleter entierement ses registres, sur lesquels ayant calculé toutes les sommes employées
en recepte sous le nom des voictures que vous
aviez fait faire, vous trouvastes qu'il s'en faloit,
comme il avoit dit, environ quatre-vingt mil
escus de vostre compte. Surquoy vous ayant demandé si vous aviez maintenaut quelque chose
à douter : « Non, « luy respondites vous, aucunement mutiné dequoy outre la perte du Roy
l'on essayoit à diminuer vos services, « je n'ay
« rien à douter, car je suis tres-asseuré que vos
« registres sont defectueux et faux, me ressou-
« venant fort bien des recouvremens et voictures
« de deniers que j'ay fait faire, desquels il n'a
« esté distribué, outre les despences ordonnées
« au conseil, dont j'ay un bref estat, que les
« six mil escus que j'ay pris, tant pour les frais
« de mon voyage que pour le don de quatre mil
« escus qu'il a pleu au Roy de me faire, duquel
« vous avez contrerollé l'acquit. — Monsieur, ce
« vous dit-il, vous devez plutost croire à mes re-
« gistres qu'à vostre memoire, n'y en ayant point
« de si bonne qui ne se trompe quelquefois, et
« si vous n'estes encor assez esclaircy, envoyons,
« comme il a esté dit devant le Roy, vers les
« receveurs generaux qui nous manderont la

« vérité de tout, sans plus travailler l'esprit du
« Roy là dessus. — Or bien, Monsieur, luy dites
« vous, vous ferez telles depesches qu'il vous
« plaira; mais, pour moy, je m'en vay trouver
« le Roy, auquel je diray ce que j'en pense, et
« luy feray voir dequoy le justifier. » Comme
vous fistes, et afin d'abreger, car ces discours
de contestations ont desja esté trop longs, nous
vous ramentevrons seulement que vous montrastes au Roy l'estat signé par les receveurs
generaux, qu'il fist aussi-tost voir par le sieur
d'Incarville: lequel se voyant ainsi surpris fit
rapporter par un de ses commis, fait au badinage, une feüille de papier separée des registres,
où cette somme estoit escrite; lequel, rejettant
sur luy mesme la faute, dit que n'ayant peu
trouver la clef du coffre des registres, et les receveurs estans pressez de partir, jusques à n'a-
voir pas voulu attendre que l'on eust recouvert
les clefs du coffre aux registres, que le sieur
l'Hoste avoit emportées s'en allant à la ville, il
avoit escrite cette somme si notable sur une simple feüille de papier à part sans en donner aucun
advis au sieur d'Incarville, avec dessein neantmoins de luy en parler, et de l'inscrire aux registres si tost qu'il auroit recouvert les livres
du contrerolle des finances; mais que depuis,
pour ce que l'on l'avoit envoyé chez le sieur
d'Hudicourt, il avoit oublié de faire l'un et l'autre, dont il estoit fort marry; suppliant tres-
humblement Sa Majesté et son maistre aussi de

l'excuser et luy vouloir pardonner cette faute, commise plutost par inadvertance et peu de memoire, que par malice ny aucune mauvaise intention.

A quoy le Roy, qui cognut tres-bien, à ce qu'il vous dit apres, que toutes ces belles paroles d'innocence et d'oubliance n'estoient que purs desguisemens et artifices, et que ce commis avoit esté dressé au badinage pour garantir son maistre de reproche, et couvrir le manquement trop grossier dont il avoit usé, ne respondit jamais autre chose sinon, « Hé bien, hé bien, c'est as-
« sez, il n'en faut plus parler; nous avons tous
« raison, puis que mes quatre-vingts dix mille
« escus sont recouverts; mais une autre fois que
« contrerolleurs et commis soient plus soigneux
« et diligens; car je ne veux plus que l'on m'en
« joüe de tels. » Et sur cela, sans attendre leur replique, il s'en alla au devant de monsieur le connestable qu'il voyoit entrer par la porte du bout d'embas de la gallerie, auquel il cria de fort loin (car nous qui estions au fond d'icelle l'entendismes tous) : « Vous ne sçavez pas, mon compere, il y a bien des nouvelles (car il luy avoit plusieurs fois parlé de cette affaire, et de
« toutes vos altercations sur icelle); en fin nos-
« tre homme a eu raison, mais aussi n'ay-je pas
« eu tort, puis que nos quatre-vingts dix mil
« escus qui ont esté contestez trois jours durant,
« se sont finalement retrouvez, et cela m'apprend
« de qui je me dois fier ou défier (1).

(1) XVI, 233, année 1596.

E. — Poursuites des officiers infideles.

Lettre du Roy à M. de Rosny contre-signée.

§ 1. — Monsieur de Rosny, il se commet plusieurs abus et desordres en l'administration de mes finances, qui procedent de diverses causes; mais celle qui leur donne plus de couleur, et qui en effet produit plus de mal, est celle qui est fondée sur les non-valeurs que les comptables disent estre et se trouver par chacun an en la recepte de leurs charges, car ordinairement ils s'en servent pour s'excuser d'acquitter les despences qui leur sont commandées; et comme autres qu'eux ne verifient si lesdites non-valeurs sont veritables, au moins si exactement qu'il seroit necessaire, il advient que lesdits deniers demeurent en reste en leurs mains; dont ils disposent et se joüent apres quasi comme il leur plaist. Je sçais bien que mon peuple est tres-pauvre, de sorte qu'il est difficile qu'il paye sa taille entierement comme il faisoit devant la guerre, et que cette pauvreté engendre des non-valeurs qui sont inévitables. Toutesfois plusieurs m'ont remonstré et fait entendre qu'à la fin l'on le fait bon payeur en une sorte ou autre, et que comme le temps fait perdre la memoire et cognoissance desdits deniers passez en non-valeurs, ils servent apres à acquitter des parties esgarées à moitié gain. Je ne veux pas croire que tout ce qui s'en dit soit véritable, et n'entends par la presente faire tort aux gens de bien; mais je desire verifier par vostre moyen, en l'estenduë des receptes generales où je vous ay envoyé, si le peuple doit tant d'arrerages de tailles et du taillon des années passées et principalement des deux dernieres de quatre-vingts quatorze et quatre-vingts quinze. Au moyen dequoy je vous prie d'y travailler, tant par la verification des estats de recepte et despense des receveurs particuliers et generaux, que par une sommaire enqueste que vous en ferez par les eslections que lesdits comptables vous diront estre demeurées en reste; et si vous descouvrez quelques parroisses de cette qualité-là, informez-vous d'où en procede la cause, car souvent elle procede autant de desobeissance ou de la negligence des officiers, que de pauvreté; dequoy je desire fort d'estre esclaircy à la vérité. Vous me ferez doncques ce service, avec les autres que j'attends de vous, en l'execution de vostre commission, et me donnerez advis de la reception de la presente. Priant Dieu, monsieur de Rosny, qu'il vous tienne en sa sainte garde.

Escrit à Roüen le dix-septiesme jour d'octobre 1597 (1).

HENRY, et plus bas, DE NEUF-VILLE.

Lettre du Roy.

§ 2. — Je seray tres-ayse que l'on verifie l'accusa-

(1) XVI, 267.

tion faicte contre ce controolleur general de mes gabelles; laquelle, si elle se trouve veritable, je veux que la punition s'en fasse telle que le merite l'offence (1).

Monceaux, 29 septembre 1600.

§ 3. — Mon amy, voyez la plainte qu'aucuns des officiers de ma maison ont faite à mon cousin le comte de Soissons, du tresorier Payot, par la requeste que je vous envoye; c'est un larcin inexcusable si elle est vraye, comme ils offrent de la maintenir et prouver, avec plusieurs autres qu'ils disent avoir esté traittez de mesme par luy. Donnez ordre, je vous prie, que la reparation et justice en soit faite, telle qu'elle serve d'exemple à ceux de sa profession, l'impunité desquels leur donne la hardiesse de commettre tels traits, laquelle il faut reprimer. A Dieu, mon amy (2).

Ce 5 octobre 1609 à Fontainebleau. HENRY.

(1) XVI, 328.
(2) XVII, p. 486.

CHAPITRE III

Agriculture. — Industrie. — Commerce. Travaux publics. — Beaux-Arts.

SECTION I

AGRICULTURE.

Vous demeurastes cinq ou six jours apres luy, afin de pourvoir à plusieurs choses demeurées inexecutées touchant les finances et le payement des gens de guerre en campagne, et les garnisons, establissant des personnages de probité, d'authorité et de police pour suivre l'armée à son retour, afin d'empescher qu'elle n'apportast aucune vexation au peuple de la campagne, duquel vous aviez tousjours un soin merveilleux, disant souvent au Roy, que le labourage et pasturage estoient les deux mamelles dont la France estoit alimentée, et les vrayes mines et tresors du Perou (1).

§ 1. — « Le plus grand et légitime gain et re-

(1) XVI, 283, année 1598.

venu des peuples procede principalement du labour et culture de la terre, qui leur rend, selon qu'il plaît à Dieu, à usure, le fruit de leur travail, en produisant grande quantité de blés, vins, graines, légumes et pâturages. De quoi non seulement ils vivent à leur aise, mais en peuvent entretenir le trafic et commerce avec nos voisins et pays lointains, et tirer d'eux or, argent et tout ce qu'ils ont en plus grande abondance que nous. Ce que nous considérant, nous avons estimé nécessaire de donner moyen à nos sujets de pouvoir augmenter ce trésor. — Joignez que sous ce labour, infinis pauvres gens, détruits par le malheur des guerres, dont la plupart sont contraints de mendier, peuvent travailler et gagner leur vie, et peu à peu se remettre et relever de misère.

Sachant bien qu'en plusieurs de nos provinces et pays, le long des mers de l'un et de l'autre côté, des grosses et petites rivières et autres endroits de notre royaume, il y a grande quantité de palus et marais inondés et entrepris d'eau... lesquels palus et marais étant desséchés serviront partie en labour et partie en prairies et pâturages (1).

SECTION II

INDUSTRIE.

Et là dessus, vous ayant pris par la main, il

(1) Préambule de l'édit de 1599.

vous mena dans les allées des muriers blances
(à Fontainebleau), qui sont tous environnez de
canaux (1).

§ 1. — Pour les manufactures, ne craignez point
que je gaste rien ; faites seulement ce que je vous
ay commandé ; mais sur tout souvenez-vous de
traiter avec M. de Gondy, car cela m'importe,
comme vous le pouvez bien juger. Adieu.

Ce 26 aoust, à Crosne, où je sejourne encore
aujourd'huy (2).   HENRY.

§ 2. — Par ces mémoires, nous nous contenterons de vous ramentevoir comme le Roy, voulant
establir en son royaume le plant des meuriers, l'art
de la soye et toutes sortes de manufactures étrangères qui ne se fabriquaient point en iceluy, à
cette fin faire venir à grands frais des ouvriers
de tous ces mestiers, et construire de grands bastimens pour les loger, vous fistes ce qu'il vous fut
possible pour empescher tout cela ; mais lui s'y
passionnant bien fort, il s'en vint un jour à l'Arsenal et vous dit : « Je ne sçay pas quelle fan-
« taisie vous a pris de vouloir, comme l'on me l'a
« dit, vous opposer à ce que je veux establir
« pour mon contentement particulier, l'embel-
« lissement et enrichissement de mon royaume,
« et pour oster l'oysiveté de parmy mes peuples.

(1) XVII, p. 36, année 1603. Les muriers avaient été
plantés en 1601.
  (2) Lettre du 26 août 1598, XVI, 280.

« — Sire, luy respondistes-vous, quant à ce
« qui regarde vostre contentement, je serois tres-
« marry de m'y opposer formellement, quelques
« frais qu'il y falust faire ; car, ayant passé par
« tant de travaux, traverses, fatigues et de perils
« depuis vostre naissance jusques à present, il
« est raisonnable maintenant que vostre Estat
« est en repos et qu'il se va bonifiant de toutes
« parts, que vous ayez aussi quelque plaisir et
« recreation dont, si la despence estoit excessive,
« je vous remonstrerois seulement que cela ne
« conviendroit pas trop bien avec le dessein que
« vous m'avez fait proposer, comme de moy-
« mesme, au roy d'Angleterre, et puis je vous
« obeyrois absolument ; mais de dire qu'en cecy
« à vostre plaisir soit joint la commodité,
« l'embellissement et enrichissement de vostre
« royaume et de vos peuples, c'est ce que je ne
« puis comprendre. Que s'il plaisoit à Vostre Ma-
« jesté d'escouter en patience mes raisons, je
« m'asseure, cognoissant comme je faits la viva-
« cité de vostre esprit et la solidité de vostre ju-
« gement, qu'elle seroit de mon opinion.

« — Ouy dea, je le veux bien, dit le Roy, je suis
« content d'ouyr vos raisons ; mais aussi veux-je
« que vous entendiez apres les miennes, car je
« m'asseure qu'elles vaudront mieux que les
« vostres.

« — Si j'eusse estimé, Sire, que vous eussiez tant
« deféré aux opinions des Bourgs et des Cumans,
« dites-vous, je me fusse bien empesché de vous

« parler des miennes qui n'auront jamais autre
« fondement que vos volontez; mais pour mes
« raisons, puis qu'il plaist à Vostre Majesté pren-
« dre la patience de les entendre, je les entre-
« mesleray de propos que si vous les mesprisez à
« present, peut-estre à l'advenir aurez-vous re-
« gret de n'y avoir eu plus d'esgard. Car, en
« premier lieu, Sire, Vostre Majesté doit mettre
« en consideration qu'autant qu'il y a de divers
« climats, regions et contrées, autant semble-il
« que Dieu les aye voulu diversement faire abon-
« der en certaines proprietez, commoditez, den-
« rées, matieres, arts et mestiers speciaux et
« particuliers, qui ne sont point communes, ou
« pour le moins de telle bonté aux autres lieux,
« afin que par le traffic et commerce de ces cho-
« ses (dont les uns ont abondance et les autres
« disette), la fréquentation, conversation et so-
« ciété humaine, soit entretenuë entre les na-
« tions, tant esloignées pussent elles estre les unes
« des autres, comme ces grands voyages aux In-
« des orientales et occidentales en servent de
« preuves. En second lieu fant il bien examiner
« si ce royaume n'a point un climat, une situa-
« tion, une eslevation du soleil, une température
« d'air, une qualité de terroir, et une naturelle
« inclination de peuples qui soient contraires aux
« desseins de Vostre Majesté. En troisiesme lieu,
« si la saison du printemps n'y est point trop
« froide, humide et tardive, tant pour faire es-
« clorre et vivre les vers à soye que pour y avoir

« des feuilles aux meuriers pour les nourrir,
« dont l'on ne sçauroit avoir quantité suffisante
« de quatre ou cinq ans, quelque diligence que
« l'on fasse d'en semer et planter. Et en qua-
« triesme lieu, si l'employ de vos sujets en cette
« sorte de vie qui semble estre plutost medita-
« tive, oysive et sedentaire, que non pas active,
« ne les desaccoustumera point de celle opera-
« tive, penible et laborieuse, en laquelle ils ont
« besoin d'estre exercez, pour former de bons
« soldats, comme je l'ay ouy dire plusieurs fois
« à Vostre Majesté; que c'est d'entre telles gens
« de fatigue et travail que l'on tire les meilleurs
« hommes de guerre; que, pour mettre en va-
« leur tant de bons territoires, dont la France
« est generalement pourveuë plus que royaume
« du monde, excepté celuy d'Egypte, le grand
« rapport desquels consistant en grains, legu-
« mes, vins, pastels, huilles, cidres, sels, lins,
« chanvres, laines, toilles, draps, moutons,
« pourceaux et mulets, est cause de tout l'or et
« l'argent qui entre en France, et que par conse-
« quent ces occupations vallent mieux que toutes
« les soyes et manufactures d'icelles, qui viennent
« en Sicile, Espagne ny Italie; et tant s'en faut
« aussi que l'establissement de ces rares et riches
« estoffes et denrées accommodent vos peuples
« et enrichissent vostre Estat, mais qu'elles les
« jetteroient dans le luxe, la volupté, la feneau-
« tise et l'excessive despence qui ont tousjours
« esté les principales cause de la ruyne des

« royaumes et republiques, les destituants de
« loyaux, vaillans et laborieux soldats desquels
« Vostre Majesté a plus de besoin, que de tous
« ces petits marjolets de Cour et de villes reves-
« tus d'or et de pourpre. Car quant aux trans-
« ports d'or et d'argent hors de vostre royaume,
« des-ja tant de fois alleguez par ceux qui propo-
« sent l'establissement de ces estoffes estrange-
« res, riches et cheres, il n'y a rien si facile que
« de les éviter sans aucun destriment pour qui
« que ce puisse estre, deffendant toutes somp-
« tuositez et superfluitez, et reduisant toutes
« personnes de toutes qualitez, tant hommes que
« femmes et enfans, pour ce qui regarde les ves-
« temens de leurs personnes, leurs ameublemens,
« bastimens, logements, plants, jardinage, pier-
« reries, vaisselles d'argent, chevaux, carrosses,
« esquipages, trains, dorures, paintures, lam-
« bris, mariages d'enfans, achapts d'offices, fes-
« tins, banquets, parfums et autres bombances,
« à ce qui se pratiquoit du temps des roys
« Louys XI, Charles VIII et Louys XII, sur
« tout pour ce qui regarde les gens de justice,
« police, finance, escritoire et bourgeoisie, qui
« sont ceux qui se jettent aujourd'huy le plus sur
« le luxe, durant lesquels regnes il s'est veu que
« des chanceliers, premiers presidens, secretaires
« d'affaires et plus relevez financiers, n'avoient
« que de fort mediocres logis sans ardoises, bri-
« ques, lambris, dorures ny paintures, ne por-
« toient point de plus riches estoffes de soye que

« du taffetas, et à quelques uns d'iceux leurs
« femmes que le chaperon de drap; n'avoient ny
« tapisseries de pris, ni lits de soye, ny vais-
« selle d'argent de cuisine, ny mesmes d'assiet-
« tes; ne donnoient que fort petit mariage à leurs
« enfans, et ne traittoient leurs parents et amis
« que chacun d'iceux n'apportast sa piece sur ta-
« ble; par l'excez desquelles choses il se con-
« sume maintenant dix fois plus d'or et d'argent
« que tout ce que l'on fait tant esclatter du
« transport d'iceux pour les manufactures d'es-
« tranges pays.

« — Sont-ce là, vous dit lors le Roy, les bonnes
« raisons et beaux expedients que vous me deviez
« alleguer? Ho! que les miennes sont bien meil-
« leures, qui sont en effet que je veux faire les
« experiences des propositions que l'on m'a fai-
« tes, et que j'aimerois mieux combattre le roy
« d'Espagne en trois batailles rangées, que tous
« ces gens de justice, de finance, d'escritoire et
« de villes, et sur tout leurs femmes et filles que
« vous me jetteriez sur les bras par tant de bi-
« zarres reiglements, que je suis d'advis de re-
« mettre en une autre saison. — Puis que telle
« est vostre volonté absoluë, Sire, dites-vous, je
« n'en parle plus, et le temps et la pratique vous
« apprendront que la France n'est nullement
» propre à telles babioles. Mais pour le bastiment
« que vous voulez faire faire aux Tournelles (1)

(1) On voulait faire une place de soixante-douze toises
carrées. qui aurait porté le nom de *Place de France*. Huit

« pour vos ouvriers, je voudrois que vous eussiez
« choisi un autre lieu, d'autant que j'ay dessein
« d'y faire faire une construction qui sera une
« des plus magnifiques de Paris, voire peut-estre
« de l'Europe, sans qu'elle vous couste rien; et
« m'asseure que quand vous en verrez les trois
« costez achevez, que pour laisser parachever le
« quatriesme, vous ferez vous-mesmes desmolir
« ce que l'on y aura basty pour les ouvriers. —
« Or bien, dit le Roy, alors comme alors (1). »

§ 3. — En cette année s'introduisirent divers
ordres de religieux et de religieuses, et aussi
plusieurs sortes d'ouvrages et manufactures rares
et precieuses : surquoy vous representates au
Roy ce que Charlemagne avoit ordonné pour le
premier, et les Romains pour le second (2).

§ 4. — Mon amy, j'ay eu plusieurs plaintes des
sieurs de Comans et La Planche, que, depuis
qu'ils sont en France et qu'ils ont establi la manufacture des tapisseries, ils n'ont point esté se-
courus de moyens, tant pour les oster de perte
de ce qu'ils ont desja mis du leur, que pour leur
donner moyen de subsister à l'advenir. Pour aucunement y pourvoir, j'avois estimé que les

rues, appelées du nom d'une de nos provinces, auraient
abouti à cette place. La construction de la place Royale a
été la réalisation d'une partie de ce projet.

(1) XVI, 514, année 1603.
(2) XVI, p. 616, année 1604.

moyens du sieur L'Argentier, joints aux leurs, pourroient les accommoder; mais on m'a adverty que ledit L'Argentier, ayant recognu la difficulté de leur entreprise, s'est contenté de leur bailler son argent à profit, et n'a voulu entrer en part avec eux. Maintenant ils retombent sur mes bras, et derechef ne demandent des moyens pour le passé et pour l'advenir : mon intention n'est pas de les voir ruinez, mais bien de voir faire cet establissement, sans qu'ils y perdent, ny aussi qu'ils se fassent trop riches à mes dépens. C'est pourquoy, ayant cy-devant commandé à Fourcy de s'instruire de leurs demandes, je luy escrits de vous en faire raport, et vous prie d'avantage de rechercher tout ce que vous pourrez de la vérité de leurs affaires; et puis selon que vous les jugerez et ce que vous estimerez leur devoir estre baillé, je vous prie le faire, me remettant à vous, sur l'asseurance que j'ay que vous ferez ce que vous jugerez estre de mon service, n'oubliant aussi de considerer que ce sont estrangers que je ne veux mescontenter, n'y donner sujet de se plaindre de moy; je les ay fait venir, je les veux maintenir et leur faire justice. Adieu, mon amy (1).

Ce 21 juillet, à Villiers-Costerez.   HENRY.

Lettre du Roy à M. de Sully.

§ 5. — Mon amy, vous avez assez de fois veu les

(1) XVII, p. 10.

poursuites que les tapissiers flamans ont faites pour estre satisfaits de ce qui leur avoit esté promis pour leur establissement dans ce royaume; dequoy ayant, par une derniere fois, traité en la presence de vous et de M. le garde des seaux, je me resolus enfin de leur faire bailler cent mil livres; mais ils sont tousjours sur leurs premieres plaintes s'ils n'en sont payez. C'est pourquoy je vous fais ce mot pour vous dire que j'ay un extreme desir de les conserver. Et pource que cela despend du tout du payement de ladite somme, vous les en ferez incontinent dresser, en sorte qu'ils n'ayent plus de sujet de retourner à moy; car autrement, je considere bien qu'ils ne pourroient pas subsister, et que par leur ruine, je perdrois tout ce que j'ay fait jusques à maintenant pour les attirer icy et les y conserver. Faites les donc payer puis que c'est ma volonté. Et sur ce Dieu vous ait, mon amy, en sa sainte et digne garde (1).

Ce quinziesme mars, à Chantilly.   HENRY.

Lettre du Roy à M. de Sully.

§ 6. — Mon amy, pour les tapisseries de Sainct Marceau, vous sçavez ce que je vous en dis l'autre jour à Paris. Je seray tres-aise si vous les pouvez faire contenter sur d'autres deniers que les ordinaires, et du fonds que j'ay réservé, que

(1) XVII, 174, année 1607.

vous le fassiez, et comme vous le jugerez plus à propos; mais s'il ne se peut autrement, vous sçavez que je leur ay promis de les leur faire payer, afin qu'ils continuënt à travailler.

Ce vendredy à cinq heures du soir, 29 mars, à Fontaine-bleau (1). HENRY.

Lettre du Roy à M. de Sully.

§ 7. — Mon amy, j'ay appris que Vienne fait difficulté de contreroller l'acquit pour les entrepreneurs des manufactures de toile à la façon d'Hollande, en la forme qu'il a esté expédié. Commandez le luy à ce qu'il le despesche promptement, car c'est chose que je veux. A Dieu, mon amy (2).

Ce 22 août, à Saint-Maur. HENRY.

SECTION III

COMMERCE INTÉRIEUR.

§ 1. — .. ..Auparavant lequel neantmoins nous vous ramentevrons encor le reste de ce qui se passa de plus important durant le reste de cette année 1603, comme vostre broüillerie avec monsieur le comte de Soissons pour avoir empesché l'establissement d'un grand impost sur les balots de toile sortant de Normandie et de Bretagne (3).

(1) XVII, 1607, p. 183.
(2) XVII, 192.
(3) XVI, 424, année 1603.

§ 2. — Voyant les grandes despences que faisoient plusieurs partisans et financiers, et afin
qu'ils n'eussent pas la facilité de sauver leurs biens
par une banqueroute simulée, vous fistes faire
un edict tel que s'ensuit :

Edict contre les banqueroutiers.

HENRY, par la grace de Dieu, roy de France
et de Navarre, à tous presens et advenir salut.
Sur ce qu'il nous a esté remonstré, etc. Nous de
l'advis de notre conseil, où estoient, etc., et de
nostre certaine science, pleine puissance et autorité royale, par cettuy nostre present edict perpetuel et irrevocable, avons dit, statué et ordonné, disons, statuons et ordonnons, voulons
et nous plaist que, conformement à l'ordonnance
du feu roy Charles IX, nostre sieur et frère, sur
les plaintes des estats tenus à Orléans, il soit
extraordinairement procedé contre les banqueroutiers et debiteurs faisans faillite et cession de
biens en fraude de leurs creanciers, leurs commis, facteurs et entremetteurs, de quelque estat,
qualité et condition qu'ils soient, et la fraude
estant prouvée, ils soient exemplairement punis
de peine de mort, comme voleurs et affronteurs
publics. Et outre ce, parce que le plus souvent
lesdits banqueroutiers font faillite en intention
d'enrichir leurs enfans et heritiers, et, pour couvrir plus aisément leurs desseins malicieux, font
dons, cessions et transports de leurs biens à leurs-

dits enfans, heritiers ou autres leurs amis, afin de les leur conserver, nous avons, par mesme moyen, declaré et declarons telles donations, cessions, venditions et transports de biens meubles ou immeubles, faits en fraude des creanciers directement ou indirectement, nuls et de nul effet et valeur, faisans defences à nos juges d'y avoir esgard. Au contraire, s'il leur appert que lesdits transports, cessions, donations et ventes soient faites en fraude desdits creanciers, voulons, les donataires, cessionnaires et acheteurs estre punis comme complices desdits fraudes et banqueroutes. Voulons aussi et nous plaist, que ceux qui se diront, contre vérité, creanciers desdits banqueroutiers, comme il advient souvent par monopoles et intelligences, afin d'induire les vrais creanciers à composition et accord, soient aussi exemplairement punis, comme complices desdites fraudes et banqueroutes. Faisans tres-expresses inhibitions et deffences à toutes personnes de retirer lesdits banqueroutiers, leurs cautions, facteurs ou commis, biens, meubles et papiers, ny leur donner aucun conforts ny assistance, en aucune sorte ny maniere, à peine d'estre declarez décheus de leurs debtes et actions, et autres plus grandes peines, s'il y eschet, de faire aucuns accords, contracts ny attermoyemens ausdits banqueroutiers et entremetteurs, ains les poursuivre par les voyes de justice, suivant nostre intention. Permettons à un chacun de nos subjects, mesmes sans decret ny permiss'on, d'arrester lesdits banqueroutiers fuitifs, et les representer en justice, nonobstant tout jugemens, arrests, usances et coustumes à ce contraires. Si donnons en mandement, etc. (1).

SECTION IV

QUESTIONS MONÉTAIRES.

§ 1. — Auquel lieu Fontaine-bleau estant de sejour, sur les plaintes qui lui furent faites des grands abus qui se commettoient és expositions des monnoyes estrangeres, et transports qui se faisoient d'or et d'argent, lesquels en desnuoient entierement son royaume, il fit faire un descry de toutes sortes de monnoyes estrangeres, reservé de celles d'Espagne, et en suitte une prohibition de transporter or ny argent monnoyé ou autrement hors du royaume, à peine non seulement de la confiscation des choses transportées, mais aussi de tous et uns chacuns les biens de ceux auxquels elles appartiendroient, ou qui auroient favorisé lesdits transports; et en fit le Roy tout haut, estant à table, tant de sermens de n'exempter, de cette rigueur qui que ce pust estre, que chacun apprehendoit d'estre surpris en cette faute.

Et neantmoins, comme l'avarice et l'avidité du profit sont celles de toutes les passions de l'homme qui gardent le moins de moderation,

(1) XVII, 300, année 1607.

encor s'en trouva-il qui ne laisserent pas de vouloir continuer ce trafic, duquel ils avoient accoustumé d'user; desquels vous en cognoissant
quelques-uns, et qui en facilitoient les voitures,
et avoient cognoissance des intelligences qui
s'entretenoient pour cét effet hors le royaume,
vous pratiquastes en sorte ces derniers, sous
promesses que vous leur fistes de leur donner le
quart de tout ce qu'ils vous feroient découvrir,
qu'environ un mois apres ils vous donnerent advis comme il se projettoit un transport de deux
cens mil escus en especes d'or, dont l'on avoit
fait amas pour cét effet, ne craignant sinon qu'il
ne se fist pas tout d'une voiture, et que la premiere se surprenant, ils arrestassent tout court
les autres; et partant que c'estoit à vous adviser si vous desireriez vous attaquer à celle-là,
d'autant qu'à leur advis elle seroit de la moindre
somme. Surquoy vous jugeastes à propos d'en
dire quelque chose au Roy, et prendre encor sa
parole pour vous en donner la confiscation, luy
fairant neantmoins la chose douteuse. Surquoy
il vous dit que si la prise ne montoit point plus
de dix mil escus, il vous la donnoit, mais qu'il
vouloit avoir le surplus s'il s'y en trouvoit, pour
remplacer des pertes qu'il avoit faites au jeu,
dont il ne vous avoit osé parler, ny penser à les
prendre sur ses deniers ordinaires.

Vous receustes ces paroles comme de celuy
qui vous pouvoit donner la loy en toutes choses,
et consentistes à toutes ses volontez: suivant les-

quelles, afin d'abreger cette petite histoire (laquelle vous fournit dequoy ayder à vos bâtimens
de Baugy, que vous aviez acquis l'année prece-
deute), vous fustes adverty si à propos du partement de cette premiere voiture, et la fistes
suivre avec tant d'industrie, qu'elle fut arrestée
demie licuë hors des terres de France (car de le
faire avant la sortie du royaume, ils n'eussent
pas failli de dire qu'ils fussent allez en quelques-
unes des villes frontieres d'iceluy) ; et se trouva
dans diverses balles de marchandises de peu de
prix, quarante-huit mil escus en escus, sols, pis-
tolets, pistoles et quadruples, lesquels furent de-
savoüez des conducteurs, disans ne sçavoir point
qu'ils fussent là dedans ; et quelque bruit que
l'on fist d'une telle prise, et grande qu'en fust la
perte, si ne fut-elle jamais réclamée de personne.
Tellement que, sans aucune plainte ny peine, le
Roy en donna vingt-cinq mille livres à vos advertisseurs, sans les cognoistre (ny ayant jamais
eu qu'un homme de paille qui eust parlé à
vous); et du surplus, montant cent dix-neuf
mille livres, le Roy en retint vingt-quatre mille
escus, pource, comme il le vous dit, que ces debtes du jeu montoient autant, et ne vous laissa
que quarante sept mille livres, avec serment
neantmoins qu'ils ne prendroit du tout rien sur la
premiere voiture que vous feriez attraper, ains
vous en laisseroit l'entiere disposition entre vous
et vos advertisseurs. Mais ny les uns ny les autres ne fussent plus en peine de rien partager,

tant chacun (par cet enseignement du dommage d'autruy) se rendist soigneux de ne plus contrevenir aux défences royales (1).

§ 2. — L'édict par vous procuré pour le surhaussement de prix des especes d'or et d'argent qui avoient cours en France, ayant justifié que la trop grande disproportion d'entre celle-là et celles des pays estrangers, seroit la cause continuelle du furieux transport qui s'en faisoit.

L'ordonnance de compter par livres au lieu d'escus, afin d'essayer de moderer les ventes et achapts; car encor qu'il soit vray de dire que l'on pust aussi bien faire son compte en une façon comme en l'autre, neantmoins diverses experiences ont enseigné que la coustume à nommer un escu au lieu d'une livre, est cause de faire faire des demandes et des offres semblables (2).

§ 3. — Les advis donnez au Roy de plusieurs minieres d'or et d'argent descouvertes en diverses provinces de son royaume, desquelles l'on luy faisoit un grand cas, et sur tous en fit le sieur de Beringuen tant d'instances et d'estre employé à les faire mettre à profit, que Sa Majesté luy en bailla le controlle general, et à monsieur le grand escuyer, la superintendance. Surquoy Renardiere, qui se mesloit de bouffonner et mordre

(1) XVI, 371, année 1607.
(2) XVI, 404, année 1602.

en riant, luy dit qu'il ne pouvoit mieux faire que de bailler à un homme tout de mines toutes les mines de France à mesnager (1).

SECTION V

TRAVAUX PUBLICS.

A. — RIVIÈRES ET NAVIGATION.

§1.— Pour les quatre personnages de qualité que vous voulez envoyer avec les commissions, pour prendre la source des rivières, pour establir les ordres et reglemens necessaires pour les impositions, je vous en laisse à vous seul le choix; advisez y donc bien : et si vous voyez que ceux de mon conseil en voulussent nommer quelques-uns qui ne vous fussent agreables, vous m'en advertirez, afin d'y interposer mon authorité; car je n'en ay aucuns d'affectez pour ce regard. Souvenez-vous que, parmy ces rivieres là, vous avez oublié la Charante, et qu'il faut bien prendre garde où l'on establira le bureau de la recepte des impositions; car les grandes villes s'y opposeront, et aux fortes les gouverneurs s'en voudront faire croire, si que nous n'en tirerons le profit que nous esperons (2).

Lettre de la main du Roy à M. de Rosny.

§2. — Mon amy, je vous ay cy-devant parlé des

(1) XVI, 404, année 1602.
(2) Lettre du roi, Monceaux, 9 octobre 1598, XVI, 287.

dix mil escus de pot de vin que l'on me vouloit
donner pour la ferme des rivieres d'Aujou, dont
je vous dis que je voulois prendre cinq mil escus
pour mettre dans mes coffres. Il me semble que
l'on devroit entendre à cela maintenant, à cause
des despences qu'il faudra faire pour la venuë
de M. de Savoye : je me contenteray d'en faire
mettre dans mes coffres deux mil, et les trois
autres pourront servir ou pour les postes qu'il
faudra faire faire à cause de ladite venuë ou autres choses necessaires ; advisez y donc et promptement (1).

§ 3. — Cette année fut poursuivie l'entreprise,
par vous de longtemps projettée, pour pratiquer
un canal qui joignist les navigations de Seine
et Loire, et vous transportastes plusieurs fois sur
les lieux, pour en recognoistre les commoditez,
et prendre les hauteurs et desclins des monta-
gnes (2).

Propositions faites au Roy en 1609, pour exécuter
après, peu à peu et selon les temps.

§ 4. — Devis et accommodemens pour la conjonction des trois mers, sans estre suject à des-
trois, caps, raps, poinctes ny manches (3).

§ 5. — Conformément à ce qui a été dit au pre-

(1) XVI, 329, 25 novembre 1599.
(2) XVI, 616, année 1601.
(3) XVII, 294.

cédent chapitre touchant les neuf sortes d'ouvertures par vous faites au Roy pour recouvrer de l'argent.

Le dixième fut les conjonctions de la rivière de Seine avec Loyre, de Loyre avec Seine et de Saône avec Meuse, par le moyen desquelles, en faisant perdre deux millions de revenus à l'Espagne, elles faisant gagner à la France, l'on faisait par à travers d'icelles, la navigation des mers océane et méditerrannée, de l'une dans l'autre (1).

Articles dressez sur les ouvertures faites, et Mémoires baillez à M. le duc de Sully, touchant son cabinet d'affaires d'Estat et de guerre, et les diverses instructions, estats et livres dont il veut garnir son cabinet, avec les ordres et formes qu'il est besoin d'establir, et de faire observer sur toutes sortes d'affaires et d'accidents.

§ 6. — Premierement, Sa Majesté veut que le sieur duc de Sully luy fasse faire un beau cabinet à layettes.

Plus, l'estat de toutes les reparations publiques qui ont esté commencées, où soit specifié ce qui a esté desja fait et qui reste à parachever, et ce qu'il pourra couster, soit que les ouvrages ayent esté entrepris par le Roy, par les villes et communautez, et sur tout pour ce qui concerne les

(1) XVI, 558,

navigations des rivieres et les canaux qui les conjoignent, afin de faciliter le trafic et commerce du royaume, et diminuer celuy des princes estrangers.

Plus, l'estat de toutes les constructions nouvelle que l'on juge à propos d'entreprendre, tant pour les navigations des rivieres et leurs canaux necessaires, pour rendre les deux mers communicables par à travers la France, que pour les ponts, pavez, chemins, chaussées, turcies, levées et decoration necessaires aux villes et provinces, avec specification de ce que chaque chose pourra couster, et de l'ordre qu'il faudra tenir et garder pour le parfaire (1).

Extrait de l'Estat des levées des tailles pour les années 1599 et suivantes jusqu'en 1607 inclus (2).

§ 7. — .....Plus, en l'année 1604, la somme de quatre millions six cens quarante-cinq mil cinq cens livres, qui est plus qu'en l'année 1603, de la somme de deux cens quinze mil livres, *à cause des impositions du canal de Loire et Seine, pont de Rouën,* compagnie de M. d'Espernon, lesdites impositions pour satisfaire tant ausdites despenses que pour les armées et garnisons du Roy.

Plus, en l'année 1605 la somme de quatre millions quatre cens quatre vingts dix-huit mil

(1) XVII, 290 et 292, année 1609.
(2) XVII, 271 et 272.

neuf cens dix livres, qui est moins qu'en l'année 1604, de la somme de cent quarante six mille cinq cens quatre vingt dix livres, *encor que l'on ait imposé pour les ponts et chaussées* plus de quatre cens mil livres, les susdites impositions pour les dépenses des armes de garnison du roi extinction du sol pour livre, *canal de Loire, Clin et Velle, ponts et chaussées.*

Plus, en l'année 1606, la somme de quatre millions sept cens trois mil quatre cens cinquante livres, savoir... ponts et chaussées avec toutes les generalités de canaux de Loire et Seine, Clin et Velle quatre cens vingt deux mille livres.

Pour 1607, 1608, 1609, le reste pareil à l'année precedente et pour les mêmes causes.

B. — DUNES.

Lettre de M. de Vic à M. de Sully.

Monseigneur, je vous remercie très-humblement du soin qu'il vous a pleu prendre d'advertir Sa Majesté de l'ouverture que la mer a faite aux dunes du Rishan, et de l'ordre qu'il vous a pleu donner, envoyant le controleur des fortifications avec de l'argent, sans lequel tout le reste eust esté emporté, n'y ayant plus moyen d'en trouver ny d'y faire travailler les ouvriers; lequel j'ay mené sur les lieux, et luy ay fait voir que je n'ay fait travailler à mil pas prés de l'endroit que la mer a ouvert; et quand bien je l'aurois fait, je n'en devrois estre blasmé, puis que la ville en seroit grandement fortifiée, qui doit estre mon principal but, ayant esté desja prise deux fois par la commodité de ladite dune. Il vous fera aussi entendre, et le commis de M. Erard, qui a de tout temps fait travailler en cette ville, qu'on peut avec peu empescher de rüine et d'innondation la ville et le païs, et que l'eau du pont de Nienlay qui escure le Havre, ne peut estre destournée de l'ancien courant, quel-que ouverture qu'il se fist ausdites dunes. Le mal qui en pourroit advenir seroit que la mer jettast du sable dans le Havre, lequel toutefois ladite eau escureroit de marée à marée. Et quand bien cela n'y suffiroit, nous pourrons prendre de l'eau de la mer chasque marée par cinq escluses, et en emplir nos doubles fossez, qui, ouvertes à mer basse, escureroient plus par tant de prez que ne font celles du pont de Nienlay (1).

C. — PONTS, CHAUSSÉES, ETC.

§ 1. — En cette année le Roy et la Reine fail-lirent à se noyer, en passant le bac de Neülly, qui fut cause d'y faire un pont (2).

§ 2. — « Ayant dès la fin de l'année 1600 dressé cinq projets des estats généraux dependans de vos charges, à savoir :

(1) XVII, 360, Calais, 4 novembre 1609.
(2) XVII, 149, année 1606.

... Le quatrième estant un projet d'estat general de la grande voyrie, ponts, pavez, chemins, chaussées et réparations de France tant royales que provinciales (1).

Estat de paiements de dettes présenté au Roy.

§ 3. — Plus pour la dépense faite aux ponts, pavez, chemins, chaussées, turcies et levées, et autres œuvres publiques de France 4.855.000 livres (2).

§ 4. — Vostre principal travail consistant lors, les armes ne bruyant plus et le calme paroissant de toutes parts, à reparer les maisons royales, en commencer de nouvelles, les bien meubler et parer ; à travailler aux argines, turcies et levées, ponts, pavez, chemins et chaussées, et faire en sorte que les deniers octroyez aux villes et communautez pour tels ouvrages, y fussent bien employez (3).

§ 5. — A savoir : pour les ponts et chaussées du general de la province, tant à Roüen que à Caën, 33,000 livres ; pour les ponts de Mante et Saint-Cloud, 15,000 livres ; pour le canal de Seine et Loire 30.000 livres ; pour le pont de Roüen aux deux generalités, sans ce qui se leve sur les villes et à Paris, 22.500 livres (4).

(1) XVI, 359, année 1600.
(2) XVII, 171, année 1607.
(3) XVI, 362, année 1601.
(4) Lettre de M. de Sully aux trésoriers de Rouen, XVII 166, année 1606, 5 décembre.

D. — FORTIFICATIONS.

Je serois bien ayse que M. d'Incarville vint aussi et amenast avec luy Chastillon, qui m'apporteroit les plans de toutes mes villes de frontiere, pour voir où je serois d'advis que l'on fist travailler, si vous et ledit sieur d'Incarville avez pourveu aux moyens de ce faire. Toutesfois si vous trouvez bon que l'un de vous deux demeure tousjours par de là, tandis que vous viendrez, ledit sieur d'Incarville ne bougera et viendra après (1).

E. — POSTES.

Pour l'establissement du chemin des postes de Paris à Rome, j'ay baillé le memoire de Valerio au sieur de la Varenne, et doivent communiquer ensemblement sur ce sujet pour voir quel sera le meilleur chemin et plus asseuré (2).

F. — BATIMENTS DU ROI.

§ 1. — Puis que M. Zamet ne veut rien advancer pour mes bastimens sur les quarante mil escus qui me sont reservez en Bretagne, je vous prie d'emprunter jusqu'à trois mil escus, que vous ferez mettre entre les mains de M. de la Grange-le-Roy, pour en faire comme je luy ay ordonné;

(1) Lettre du roi, Monceaux, 9 novembre 1598, XVI, 287.
(2) Extrait d'une lettre du 19 octobre 1597, XVI, 258.

vous promettant par cette-cy, que je feray qu'ils seront rendus des premiers deniers qui proviendront desdites impositions ou autres ; à quoy vous mesmes je veux que vous teniez la main (1).

§ 2. — Vous m'avez fait plaisir de faire delivrer les trois mil escus pour mes bastimens (2).

§ 3. — Concluez avec le sieur Zamet l'advance des quarante mil escus reservez en Bretagne pour mes batimens, comme chose que j'ay à cœur (3).

§ 4. — Plus, un estat de tous les deniers qui ont esté employez ou levez, depuis l'an 1598 jusques à la fin de 1609, pour les reparations et constructions des maisons et chasteaux du Roy, gages d'officiers, achapt de pierreries, bagues, vaisselles, tapisseries, lits et autres meubles et ustancilles, avec specification et inventaire d'iceux, des lieux où ils sont, des personnes qui les ont ou en sont chargez, des abus et malversations qui sont commises, des reglemens necessaires pour les empescher à l'advenir.

Plus, un autre estat et devis de toutes les reparations et constructions qui ont esté actuellement faites en aucunes maisons et chasteaux du Roy, depuis l'année 1598 jusques à la presente 1609, et de ce qui reste à y faire, avec specification de celles où l'on n'a point travaillé

_____

(1) XVI, 286, lettre du roi, Monceaux, 5 octobre 1598.
(2) XVI, 287, lettre du roi, Monceaux, 9 octobre 1598.
(3) Lettre du roi, 29 septembre 1599.

qui meritent d'estre conservées, de celles qui doivent estre démolies, comme inutiles et de trop
grande despence à reparer, et les matériaux
vendus au profit du Roy ; des abus et malversations qui se sont commises en toutes ces choses,
des reglemens necessaires pour les en empescher
à l'advenir, des grandes charges qui y ont esté
mises sur le fonds des bastimens, et du moyen
qu'il y a de les diminuer.

Plus, un plan et devis des cartes et peintures
dont l'on estime estre à propos d'enrichir et or-
ner la grande galerie du Louvre, et de l'ordre
qu'il faut observer pour accommoder une grande
salle basse et un grand galletas, propre pour y
tirer et mettre toutes sortes de modelles, d'artifices, machines et inventions pour toutes sortes
d'arts, metiers, exercices, charges et fonctions ;
mettant les lourdes et pesantes en bas, et les le-
geres en haut (1).

Lettre de la main du Roy à M. de Rosny.

§ 5. — Mon amy, j'ay donné charge au sieur
Zamet de poursuivre le fait du marc d'or, et commandé à monsieur le chancelier de luy bailler
toutes les expeditions necessaires, afin que, sans
avoir esgard à plusieurs brevets qui ont esté cy-
devant depeschez, chacun paye, si ce n'est quelques personnes de qualité et merite ; à quoy je

(1) XVII, 292, 293, année 1609.

vous prie de tenir la main, afin qu'à mon retour
de Mets je puisse recevoir le contentement que
j'espere de mes bastimens de Fontaine-bleau, et
empeschez que l'on ne donne cy-apres aucunes
expeditions qui puissent en quelque façon retarder l'execution de ma volonté pour ce regard ;
car, comme vous sçavez, c'est chose que j'ay à
cœur et que j'affectionne (1).

G. — THÉATRE, BEAUX-ARTS.

Lettre du Roi au fils de M. de Sully.

Monsieur le Marquis, je vous fais un mot pour
vous dire qu'incontinent que vous l'aurez reçu,
vous faisez delivrer aux comediens italiens la
somme de six cens livres sur ce qui leur est deub
du mois du passé, afin qu'ils me viennent trouver
aussitôt, et se rendent ici samedy au soir, d'autant que je veux qu'ils jouent devant moy di-
manche ; et, quand mon cousin, le duc de Sully,
sera de retour, je luy ordonnerai de leur faire
payer le reste (2).

Ce 16 octobre, au soir, à Fontainebleau.

HENRY.

----

(1) XVI, 500, 25 février 1604. Voir, sur ces bâtisses, l'opinion de Sully, section II, industrie.
(2) Année 1608, XVII, 257.

SECTION VI

COMMERCE EXTÉRIEUR.

A. — PROHIBITIONS ET IMPOTS.

§ 1. — L'on fit aussi quelques defences contre l'entrée des manufactures estrangeres, et le port et usage de toutes estoffes et passement d'or et d'argent (1).

§ 2. — Ceux de Tours vindrent aussi à Bloys pour vous parler de faire defendre l'entrée de toutes sortes de manufactures estrangeres, se faisant forts de fournir toute la France de semblables estoffes. Vous leur remoustrastes combien à l'execution ils trouveroient leur proposition difficile, et qu'il falloit auparavant faire un grand establissement pour les soyes et le tirage de l'or et l'argent, et considerer de quelle perte seroient cause telles defences si soudainement faites pour toutes les autres villes qui trafiquoient hors le royaume. Mais ne se laissant pas persuader à vos raisons, ils s'addresserent à la propre personne du Roy, laquelle ils soliciteront ou plustost importunerent tellement, par le moyen d'amis et de presens, qu'en fin, pource que vous ne voulustes pas insister à soustenir vostre opinion, ils obtindrent ce qu'ils demandoient. Mais tout cela ayant esté ainsi basty sans les fondemens necessaires pour un si grand dessein, s'en alla,

(1) XVI, 372, année 1601.

dans six mois, en ruine, les incommoditez que quasi toute la France recevoit de ces defences avant contraint le Roy de les revocquer, estant à Lyon (1).

§ 3. — Il s'est encore ce matin présenté une affaire où nous avons apporté le remede convenable tout aussi-tost; c'est que le juge de Saumur a fait defenses de transporter les bleds hors de vostre royaume, et d'en vendre dans l'estenduë de la jurisdiction. Si chaque officier en faisoit autant, votre peuple seroit bien tost sans argent, et par conséquent Vostre Majesté. Nous avons cassé le jugement, et donné adjournement personnel aux officiers qui l'ont donné (2).

B. — COMMERCE AVEC L'ESPAGNE.

§ 1. — Le roy d'Espagne estoit tombé en si grande indigence et necessité, que recherchant à cette occasion toutes sortes de moyens et d'expediens, tant injustes ou de difficile execution pussent-ils estre, pour recouvrer deniers, il avoit, dés l'année passée, estably en Espagne et ès Pays-Bas une imposition de trente pour cent sur toutes les denrées et marchandises qui viendroient de France en ses pays, ou sortiroient d'iceux pour entrer en France, qui estoit une dace (3) tant excessive, qu'elle avoit ruyné tout le trafic, avec de grandes

(1) XVI, p. 317, année 1599.
(2) XVII, 178, année 1607.
(3) Impôt.

plaintes et incommoditez des sujets des deux royaumes; sur lesquelles le Roy, pour les accroistre à l'endroit de ceux qui estoient cause du mal, ayant defendu absolument tout trafic et commerce ès pays du roy d'Espagne et des archiducs, et depuis appris que plusieurs villes et particuliers de son royaume, en mesprisans ces injonctions à cause du grand profit qu'ils en tiroient, ne laissoient pas d'y porter des grains, toiles et autres denrées, desquelles ils avaient le plus de disette, Sa Majesté vous escrivit par deux fois d'envoyer quelqu'un de la qualité, capacité et fidélité duquel estant bien asseuré, vous luy respondissiez, pour cognoistre de telles contraventions, en informer, dresser ses procès-verbaux, et vous les rapporter pour y estre pourveu selon qu'il le jugerait à propos, et sur tout le long des costes maritimes, depuis l'embouchure de la Loire jusques en celle de Garonne, ces rivières comprises, par lesquelles l'on disait que se commettoient les plus grands abus : en laquelle commission vous employastes ledit sieur de la Fond, qui estoit à vous, lequel s'en acquitta tant dignement que le roy en receut tout contentement et le trouva si capable, exact et diligent, qu'il vous le demanda pour s'en servir, comme tout cela se verra par les lettres qu'il vous en escrivit depuis, lesquelles nous inscrirons dans ces Mémoires par l'ordre de leurs dattes : car cette affaire ne finit pas là, mais fit beaucoup de bruit, pensa être cause de troubler toute la chrétienté, passa par les mains du Pape et du roy d'Angleterre, et néanmoins ne put estre terminée sans vostre entremise, tant la fortune sembloit avoir entrepris de favoriser toutes les affaires où vous estiez employé, comme tout cela se verra cy-après (1).

Lettre de M. de Ville-roy à M. de Rosny.

§ 2. — Monsieur, nous nous trouvons bien empeschez à ce fait du commerce, car nous avons toute occasion de croire que les Espagnols, qui sçavent l'incommodité que nous en recevons, en désirent profiter, se confians en nostre impatience naturelle, et en la désobeyssance que l'on rend aux commandemens du Roy. D'ailleurs les Anglois se sont marris de ce mauvais mesnage; et pour moy j'estime que sous main ils le nourriront plutost qu'ils ne nous ayderont à le composer, et qu'ils esperent s'en prevaloir; et de fait l'on nous mande de toutes parts qu'ils enlevent nos toilles et nos bleds à furie, pour transporter en Espagne, et que cela ruynera toute la navigation françoise. J'advertiray M. de Beaumont de ce que vous m'avez escrit par vostre lettre; mais quand je considere qu'il n'a pû disposer les ambassadeurs d'Espagne et de Flandres à se contenter de la promesse qu'il leur avoit faite de faire lever et descharger les nouvelles daces qui se levent à Calais sur les marchandises qui viennent d'Espagne, je n'ay pas opinion, quand bien les choses ne seroient accrochées qu'à cette difficulté, ce que je ne croy pas, qu'il les contente, y accordant la descharge des trois escus que l'on prend sur le vin d'Espagne qui passe en Flandres; mais j'ay opinion que les Espagnols et les Anglois nous entretiendront d'esperances et de belles paroles sans conclusion, en tirant les choses à la longue pour s'en advantager. Je l'ay representé au Roy, qui desire que vous preniez occasion de voir M. le cardinal Bufalo, pour luy faire entendre que cecy nous jettera par force à la guerre, si bien-tost l'on n'y remedie, afin qu'il l'escrive au Pape et qu'il le die à l'ambassadeur d'Espagne, Sa Majesté estimant que cette crainte aydera à faciliter et advancer cette resolution. Mais je ne suis de l'advis de Sa Majesté; j'estime au contraire qu'ils se hasteront moins d'y pourvoir, et qu'ils feront tout autre jugement de ce discours: le principal seroit de donner ordre que le Roy fust mieux obey qu'il n'est, et d'empescher les Anglois d'enlever nos grains et de faire le trafic d'Espagne à nos despens. J'ay cy-devant escrit plusieurs fois à M. de Beaumont de predire et declarer au Roy d'Angleterre et à ceux de son conseil, que s'il faisoit la paix avec Espagne et Flandres sans nous mettre d'accord avec eux pour le commerce, que nous serions contrains de faire des reglemens pour empescher que les Anglois, ses sujets, fissent leur profit, à nostre dommage, de ce mauvais mesnage; et me semble que c'est aujourd'huy le poinct auquel il faut pourvoir, afin de ne nous attendre du tout, comme nous faisons, à l'entremise du Pape et du Roy d'Angleterre, ny aux demonstrations que font les Espagnols de vouloir se réconcilier et accommoder avec nous : car c'est s'abuser à bon compte, ne voulant pas nous départir de l'amitié et assistance hollandoise, comme nous ne voulons ny ne devons faire, ny aussi nous resoudre à nous ressentir plus avant des offences que nous recevons desdits Espagnols et de la haine qu'ils nous portent. Toutesfois je ne laisseray de faire les depesches necessaires en Angleterre, Espagne et Rome, pour poursuivre le susdit accord autant qu'il sera possible de ce faire en conservant la dignité de Sa Majesté. Cependant je dis qu'il seroit necessaire d'ouyr quelques marchands et officiers de Normandie, Bretagne et Poictou, et mesmes de Bourdeaux, Bayonne, pour adviser à mieux faire obeyr le Roy, et empescher que les Anglois ne fassent le trafic à nostre prejudice, en attendant que nous prenions de plus fortes et courageuses resolutions : il vous plaira doncques y adviser et faire pourvoir comme vous jugerez estre pour le mieux.

De Fontaine-bleau, ce 22 septembre 1604 (1).

DE NEUF-VILLE.

(1) XVI, 602.

Responce de M. de Rosny à la lettre cy-dessus.

§ 3. — Monsieur, il n'y a point de doute que cette affaire du commerce ne se trouve remplie de difficultez; mais tout ce que j'en prevoy, est qu'elles iront tousjours en augmentant; et en arrivera de mesmes en toutes nos grandes affaires, tant que nous les manierons, traitterons et resoudrons negligemment et par manière d'acquit, comme nous faisons; et encore le pis est qu'ayant deliberé quelque chose de bon, l'execution en est tellement traversée par les particuliers, et si peu appuyée et poursuivie par ceux qui ont l'authorité, qu'il n'en peut arriver aucun fruict digne de l'espérance que l'on en avoit conçeuë.

Il ne me semble point necessaire de parler à marchands ny officiers pour sçavoir quel ordre nous y devons mettre, car la chose n'est pas fort difficile, moyennant qu'elle soit executée severement sans exception de personne; et ne se doit user de plus grande indulgence du costé de Lyon que des autres lieux, car depuis qu'un a passé par dessus les loix, de degré en degré, chacun presume avoir mesme faveur et mesmes privileges : nous sommes au pays des consequences (1).

Lettre de M. de Rosny au Roy.

SIRE,

§ 4. — J'ay receu des lettres des tresoriers de

(1) XVI, 603, septembre 1604.

France en Languedoc, par lesquelles ils me man-
dent que le parlement de Toulouze, de son authorité absoluë et directement contre celle de Vostre
Majesté, a défendu la sortie des bleds hors la
province, et que, pour cette occasion, les fermiers des traittes foraines, domenialles et patentes, disent ne vouloir plus payer le prix de leurs
fermes, de sorte que je prévois que vos fortifications et galeres demeureront sans paiement (1).

Lettre de la main du Roy à M. de Rosny.

§ 5. — Mon amy, mon advis est que l'on ne doit
lever lesdites deffences, mais par sous-main faire
entendre aux gouverneurs qu'ils permettent aux
navires d'y aller; dautant que de lever lesdites
deffences, les Espagnols ne m'ayans fait aucune
raison, il sembleroit que je le fisse par crainte
d'eux, ou quand on le souffrira aux marchands
par tollerance, nous serons tousjours sur nos
pieds de faire republier lesdites deffences et les
faire executer, et cela nous fera plus d'honneur
qu'autrement, qui est ce à quoy nous devons autant adviser avec ces gens-là, et cela nous apportera plus de commodité que d'en user d'une
autre façon. Sur ce, Dieu vous ait en sa sainte et
digne garde (2).   HENRY.

§ 6. — Mon amy, pour responce à celle que vous
m'avez escrite sur ce que j'avois donné charge au

(1) XVI, 598, année 1604, 13 septembre.
(2) XVI, 603, septembre 1604.

sieur de **Vic** de vous faire entendre, de ma part, sur les defences du commerce d'Espagne, je vous diray que mon advis est, que vous assembliez messieurs le connestable, chancelier, le commandeur de Chates, ledit sieur de Vic et vous, et que là, ledit sieur de Vic propose ce qu'il a à dire : surquoy vous entendrez ses raisons et les peserez. Mais mon advis est que l'on ne doit lever lesdites defences, mais, par sous main faire entendre aux gouverneurs qu'ils permettent aux navires d'y aller, dautant que de lever lesdites defences, les Espagnols ne m'ayans fait aucune raison, il sembleroit que je le fisse par crainte d'eux ; ou quand on le souffrira aux marchands, par tolerance, nous serons tousjours sur nos pieds de faire republier lesdites defences et les faire executer ; et cela nous sera plus d'honneur qu'autrement, qui est ce enquoy nous devons autant adviser avec ces gens-là, et cela nous apportera plus de commodité que d'en user d'une autre façon. Sur ce, Dieu vous ait, mon amy, en sa saincte et digne garde.

Ce 14 novembre, à Sainct Germain en Laye, au soir (1). HENRY.

Lettre du Roy à M. de Rosny.

§ 7. — Mon cousin, je suis bien aise que vous ayez conclud et arresté avec le cardinal Bufalo,

(1) XVI, 542, 1604.

l'ambassadeur d'Espagne et le senateur de Milan,
le traitté dont je vous avois donné charge pour
le restablissement du commerce. Je suis bien de
vostre advis qu'il est necessaire d'avoir la ratification d'Espagne avant que faire la publication;
mais cependant, parce que je sçay que c'est
chose qui est fort desirée de mes sujets, vous
leur ferez entendre, aux lieux que vous jugerez
le plus nécessaire, que, dès à présent, je leur accorde la permission de faire transporter des
bleds, sans les assujettir à prendre aucuns passe-
ports ny autre seureté que les advis que vous
leur donnerez de ma volonté, reservant à leur
donner la liberté entière des autres marchandises, lors que, la ratification estant venuë d'Espagne, je vous ordonneray de faire faire la publication generale dudit traité. Et n'estant la
presente à autre fin, je prie Dieu, mon cousin,
vous avoir en sa saincte garde (1).

Escrit à Fontaine-bleau, le 17 octobre 1604.

HENRY.

Et plus bas,   DE NEUF-VILLE.

Lettre du Roy à M. de Rosny.

§ 8. — Mon cousin, vous savez mieux que nul
autre, puis que c'est vous qui l'avez fait, comme
le traitté pour la liberté du commerce ayant esté

(1) XVI, 605.

conclu et resolu, la publication n'en a esté différée que pour attendre la ratification qui en doit venir de l'Espagne. Mais cependant, parce que je sçay que c'est chose qui est fort désirée de mes sujets et qui leur est importante et commode, j'ai estimé que le retardement de la publication ne devoit point retarder de leur donner cette consolation, de leur faire savoir ce qui s'en est passé, et encores de leur permettre, dès maintenant, de le pouvoir exécuter pourveu que ce soit pour les bleds seulement. Pour cette occasion vous leur ferez sçavoir ce que dessus, et comme, de cette heure, la permission leur est par moy accordée pour le transport desdits bleds, sans les abstraindre à prendre aucuns passe-ports ny autre seureté que cette declaration que vous leur ferez de ma volonté, leur ordonnant neantmoins de differer le transport des autres denrées jusques apres que ladite publication aura esté faite. Et n'estant la presente à autre fin, je prie Dieu, mon cousin, pour vous avoir en sa saincte garde (1).

Escrit à Fontaine-bleau, ce 17 d'octobre 1604.

HENRY.

Et plus bas, FORGET.

C. — COMMERCE AVEC L'ANGLETERRE.

§ 1. — Mon amy, il y a fort long-temps qu'il fut

(1) XVI, 605.

crdonné en mon conseil qu'il seroit levé, sur les vaisseaux estrangers qui entreroient és ports et et havres de mon royaume, un certain *droit d'ancrage*, à l'imitation des roys et princes mes voisins qui le prennent sur mes sujets, et que dés lors il en fut expedié des lettres adressantes à mes cours de parlement de Roüen et Rennes, sur lequel mon cousin, le mareschal d'Ornano, a esté assigné des sommes qui lui sont deuës, qui a, jusques icy, fait et fait faire beaucoup de despences pour la revendication desdites lettres, ésdits parlemens, sans que pour cela il y ait pû rien advancer, quelques lettres et jussions que je leur aye fait expédier. Pour à quoy remedier et faire cesser telles longueurs pour un si maigre sujet, je vous prie que vous leur fassiez expedier telles jussions que vous adviserez (1).

Instructions données à Sully, en allant en ambassade à Londres.

§ 2. — « Ledit marquis commencera sa première audience, en laquelle il se presentera vestu en deuil, par se condouloir avec ledit Roy, au nom de Sa Majesté, de la mort de la feuë reine d'Angleterre, et usera pour ce faire des termes qu'il cognoistra, estant sur les lieux, estre plus propres et convenables, tant pour accomplir cet office dignement, comme le merite l'heureuse memoire de ladite Dame, et les plaisirs que

(1) XVI, p. 418, année 1603.

Sa Majesté a receus de son amitié, que pour le rendre plus agreable audit Roy, et tesmoigner à un chacun la gratitude de Sa Majesté envers la defuncte.

« Apres il se conjoüira, avec ledit Roy, de son heureuse inauguration et assomption audit royaume.

« Ledit sieur marquis fera les mesmes offices envers le Roy, au nom de la Reine.

« Iceux accomplis, il dira audit Roy que Sa Majesté a esté tres-aise d'entendre, tant par ledit sieur Parey qu'il a confirmé son ambassadeur, que par sa lettre escrite le 16 dudit mois d'avril, qui ne luy a esté presentée que le 28 dudit mois de may ensuivant, qu'il ayt volonté de continuer et entretenir l'amitié et les traittez que la feuë reine d'Angleterre avoit avec Sa Majesté, comme ceux qui ont esté contractez entre Leurs Majestez à cause du royaume d'Escosse ; lui declarera que Sadite Majesté a la mesme volonté et de procurer en sorte l'observation desdits traittez, que Leurs Majestez et leurs communs sujets en tirent toutes sortes de commoditez, libertez et advantages, en remédiant et pourvoyant diligemment et soigneusement à tout ce qui pourroit interrompre ou empescher, par mer ou par terre, directement ou indirectement l'effet desdits traittez ; se promettant que ledit roy d'Angleterre fera le semblable de son costé, dequoy il sera prié par ledit marquis au nom de Sa Majesté.

« Ensuitte du propos de l'entretenement et observation des traittez, ledit sieur marquis, non à sa premiere audience, mais quand il rencontrera l'opportunité, parlera audit Roy des pirateries des Anglois sur les sujets de Sa Majesté, lesquelles il luy dira avoir esté si fréquentes depuis le regne du Roy, et principallement depuis la paix de Vervins, tant en la mer Oceane qu'en celle du Levant, sous prétexte de la guerre que lesdits Anglois avaient avec lesdits Espagnols, qu'il a esté verifié que les prises faites par eux sur lesdits sujets de Sa Majesté, dont il n'a esté fait aucune reparation et justice, excedent la valeur d'un million d'or, ce qui a destruit entierement le commerce au dommage inestimable des sujets de Sadite Majesté et au préjudice desdits traittez, de l'observation desquels Sa Majesté a esté neantmoins si religieuse et jalouse pour le respect qu'elle portait à l'amitié de ladite Reine, qu'elle a mieux aimé dissimuler et endurer lesdites pertes que d'y appliquer d'autres remedes ; s'estant contentée d'en reïterer souvent les plaintes à ladite Dame, laquelle a toujours déclaré et commandé y estre pourveu. Mais comme l'effet ne s'en est ensuivy de son vivant, ledit sieur marquis dira audit roy d'Angleterre que Sa Majesté se promet qu'il y fera donner tel ordre, que tels desordres seront reparez pour le passé, et renfrenez pour l'advenir, comme il convient à leur bonne amitié et au commun bien de leurs sujets : estant certain que lesdites pirateries incommodent et ruynent plus le public, et apportent plus de blasme à ceux qui les permettent et authorisent, qu'elles n'accommodent les particuliers qui y contribuent, et ne servent aux affaires des princes qui les tolerent.

« Pareillement, il faut se ressouvenir du desavantage et préjudice qu'ont les sujets de Sa Majesté en leur commerce avec les Anglois par lesdits traittez, et nommément par celuy qui fut fait par le feu roy Charles IX, l'an 1572, par lequel il fut accordé ausdits Anglois des libertez en France, qui sont interdites en Angleterre aux François ; ce qui a souvent excité de telles plaintes et murmures entre les marchands de part et d'autre, qu'il a esté tout besoin que Sa Majesté ayt interposé son authorité pour conserver et entretenir la bonne correspondance qui y doit estre.

« Et faut considerer que tel traitté fait par le feu roy Charles n'eut lieu, tant qu'il vescut, à cause des troubles de la Sainct Barthelemy, dont la suitte dura autant que le reste de son regne, et qu'il n'a esté mieux observé durant celuy du feu roy Henry dernier, à cause de la mauvaise intelligence qui estoit entre luy et ladite reine d'Angleterre, laquelle divertissoit en empeschoit ordinairement l'entre-cours du commerce d'entre leurs sujets.

« Tellement que nous pouvons dire que ledit commerce n'a esté libre entr'eux que depuis l'ad-

venement de Sa Majesté à la couronne; mais il
est certain que telle inégalité et différence de
traittement retient et empesche les sujets de Sa
Majesté de trafiquer en Angleterre, comme ils
feroient si l'on y avoit pourveu; et que cela engendre, entre les marchands, de grandes plaintes et clameurs qu'il convient à la bonne amitié
qui est entre Leurs Majestez, faire cesser au plutost pour le commun bien de leurs sujets et
royaume, et affermir davantage leurdite amitié
et bonne voisinance (1).

Ensuit le traitté fait en Angleterre sur la restauration du commerce.

§ 3. — Il a esté arrêté que, de part et d'autre,
et en mesme jour, seront ostez et levez par lesdits Roys et archiducs, les placards publiez pour
l'imposition des trente pour cent et interdiction
du commerce.

Item, a esté convenu que le dit sieur Roy tres-
chrestien deffendra par edit public, incontinent
après la publication des presents articles, que
aucuns de ses sujets, vassaux ou regnicolles,
n'enlevent ou transportent directement ou indirectement, en quelque sorte de manière que ce
soit, en son nom ou celuy d'autruy, et ne preste
son nom, ni aucun vaisseau, navire ou chariot,
pour porter ou conduire navires, marchandises,

(1) XVI, 432, 433, année 1603.

manufactures ou autres choses, des provinces
de Hollande et Zelande, en Espagne ou autres
royaumes et seigneuries desdits roy d'Espagne
et archiducs, et ne charge en ses vaisseaux, pour
transporter audit pays, aucun marchand hollandois et zelandois, sous l'indignation de Sa
Majesté et autres peines portées par ses ordonnances contre les infracteurs d'icelles.

Et afin d'empescher les fraudes qui se pourroient ensuivre, à cause de la ressemblance des
marchandises, il a esté arresté, par le present
article, que les marchandises de France qui se
transporteront ou conduiront aux royaumes et
pays desdits Roy catholique et archiducs, seront
enregistrées et scellées du sceau de la ville d'où
elles seront enlevées, et ainsi enregistrées et marquées, seront tenuës et reputées pour marchandises françoises, et comme telles approuvées et
admises, sauf à prouver la fraude, sans retarder
ny empescher toutefois le cours des marchandises et vaisseaux; et quant ausdites marchandises qui ne seront registrées et marquées, elles
seront confisquées et declarées de bonne prise :
semblablement aussi tous Hollandois et Zelandois qui seront trouvez dans lesdits navires,
pourront estre pris et arrestez.

Item, a esté accordé que pour le regard des
marchandises que les marchands françois ache-
teront en Espagne et autres pays dudit Roy catholique, et qu'ils transporteront dans leurs
propres navires ou autres loüez et empruntez

pour leur usage, exceptez toutefois les navires hollandois et zelandois (comme il est dit, cy-dessus), ne payeront pour ladite imposition de trente pour cent, pourveu qu'ils les conduisent audit pays dudit Roy tres-chrestien, ou ausdits ports de l'obeïssance desdits archiducs ou autres lieux et endroits non deffendus par le placard sur ce fait. Et afin d'eviter à toutes fraudes et que lesdites marchandises ne soient transportées ailleurs, et specialement en Hollande et Zelande, a esté resolu que lesdits marchands, au mesme temps qu'ils envoyeront leurs navires en Espagne ou autres royaumes et seigneuries de l'obéissance desdits Roy catholique et archiducs, s'obligeront, par devant le magistrat du lieu d'où lesdites marchandises seront enlevées, de payer ladite imposition de trente pour cent, en cas qu'ils les transportent en autres lieux, et de rapporter, dans un an, certificat du juge des lieux où les-dites marchandises auront esté deschargées, soit au royaume de France ou aux ports et havres desdits archiducs, ou autres non deffendus par ledit placard, lequel certificat estant rapporté, lesdites obligations sur ce faites seront renduës et demeureront nulles.

Il est aussi accordé que le Roy très-chrestien, incontinent apres la publication du present ac-cord, deffendra qu'aucun ne transporte des mar-chandises d'Espagne ou d'autres pays dudit Roy catholique, ailleurs qu'en sesdits Royaumes et esdits ports et havres de Flandre, et lieux ci-dessus specifiez, ou autres non deffendus par ledit placard, à peine de confiscation desdites marchandises au profit dudit Roy tres-chrestien, dont la moitié ou la valleur appartiendra au denonciateur, déduction préablement faite dudit droict de trente pour cent, lequel sera payé aux commissaire à ce deputez par ledit Roy catholique, foy estant adjoustée aux preuves legitimement receuës en Espagne et envoyées en France en forme authentique, sauf les exceptions et deffences contre lesdites provinces.

De mesme a esté accordé qu'aucun magistrat desdits lieux és villes desdits royaumes qui baillera certificat de la descharge desdits navires ou de l'enregistrement des marchandises, n'y commettra aucune fraude, à peine d'encourir l'indignation de Sa Majesté, d'estre privé de son office, et d'autre plus griefve punition si elle y eschet.

Et parce que l'intention desdits princes est de procurer que le commerce d'entre leurs sujets leur apporte plus de commodité et utilité, ils donneront ordre, autant qu'en eux sera, que les chemins soient ouverts à l'entrée et sortie de leurs ports, royaumes et seigneuries, afin que leursdits sujets puissent plus librement aller et venir avec leurs marchandises.

Et pour le regard de la revocation des daces imposées à Calais, depuis le traitté de Vervins, sur les marchandises qui sont transportées d'Espagne en Flandres et de Flandres en Espagne, cet article ayant desja esté arresté à l'instance dudit cardinal, au nom de Sadite Saincteté, il sera executé selon sa forme et teneur.

Tous les articles cy-dessus specifiez seront reciproquement publiez avec ce y qui est contenu, et en sera la ratification desdits princes sollicitée, afin que la publication s'en fasse en mesme jour de part et d'autre, quarante jours apres la date des presentes.

Fait le douzième jour d'octobre 1604.

Maximilian de Bethune, N. Bruslard, de Sillery, dom Baltazar de Buniga, Alexandre Rovidus.

Et plus bas est escrit,

Veu les articles cy-dessus, son excellence est de mesme advis sous l'approbation cy-dessus. Le mesme an, et le 16 du mesme mois, à Arras, signé dudit connestable, avec un paragraphe.

Collation a esté faite à l'original desdits articles (1).   Forget.

SECTION VII

COLONISATION.

« Et joindrons ici plusieurs autres choses du dehors le Royaume comme la navigation du sieur de Monts pour aller faire des peuplades au Canada, du tout contre vostre advis, d'autant, disiez-vous, que l'on ne tire jamais de grandes richesses des lieux situez au dessous de quarante degrés (2).

(1) XVI, 607.
(2) XVI, 516, année 1603.

LIVRE III

CHAPITRE PREMIER

Causes qui pouvaient entraver les efforts de Sully.

SECTION I

DÉPENSES IMPRÉVUES (D'ORDRE POLITIQUE).

§1. — « Premierement, au roy d'Angleterre, six tres-beaux chevaux des mieux dressez, fort richement enharnachez, et le sieur de Sainct-Anthoine pour escuyer.

« Plus, à la Reine, un miroir de crystal de Venise, dans une boëte d'or enrichie de diamans.

« Plus, à M. le prince de Galles, une lance et un heaume d'or, enrichie de diamans, un escrimeur et un baladin.

« Plus, à la comtesse de Beth-fort, une monstre d'horloge d'or enrichie de diamans.

10

« Plus, à madame Riche, une boëte d'or enrichie de diamans, dans laquelle y avoit le portraict du Roy.

« Plus, à madame de Rosmont, un collier de perles de diamans à mettre au col.

« Plus, à Marguerite Aisan, fille de chambre et favorite de la Reine, un diamant à mettre au doigt.

« Plus, au duc de Lenos, un cordon de chapeau enrichy de chattons de diamans.

« Plus, au comte de Northumbelland, une enseigne de diamans.

« Plus, au comte de Sutenton, un pennache de heron noir, avec une enseigne de diamans en forme de plumes.

« Plus, au comte d'Evencher, une enseigne de diamans.

« Plus, au comte de Rosbroug, une enseigne, en forme de nœud, tenu par deux Amours, le tout enrichy de diamans.

« Plus, au grand admiral Haouard, trois douzaines de boutons d'or enrichis de diamans.

« Plus, au comte de Mare, une enseigne, en forme de bouquet de fleurs, enrichie de diamans, rubis et autres pierres riches.

« Plus, au grand chambelland, une enseigne d'or, en forme d'aigrette, enrichie de diamans, où il y a un fort beau rubis au milieu.

« Plus, au grand escuyer Husmes, une enseigne, en forme de croix, enrichie de diamans.

« Plus, au grand thresorier d'Escosse, un pennache d'or, en forme d'aigrette, enrichie de diamans.

« Plus, au sieur secretaire milord Cecile, trois douzaines de boutons d'or enrichis de diamans.

« Plus, au sieur de Kainlos, un diamant en bague.

« Plus, au milord Sidnay, une chaisne de gros grains d'or remplis de parfum, enrichis de diamans, avec le portraict du Roy attaché à icelle.

« Plus, au chevalier Asquins, capitaine des gardes, une enseigne d'or, en forme de cœur, enrichie de diamans.

« Plus, au sieur Oleradoux, une enseigne d'or, en forme de lacs d'amour, enrichie de diamans.

« Plus, au sieur Haston, une boëte d'or enrichie de diamans, pour mettre un portraict.

« Plus, au sieur Levimus, commis du sieur Cecile, une couppe d'or.

« Plus, à M. de Beaumont, pour distribuer à ceux qu'il jugera à propos, douze cens escus.

Tous ces presens, revenans à soixante mil escus : et aviez si dextrement procedé pour faire bien recevoir ces presens, et les exempter de tout soupçon ou reproche, par la grande franchise que vous aviez tesmoignée envers ce prince, en luy demandant librement s'il auroit agreable, que vous usassiez de quelques gratifications au nom du Roy vostre maistre à l'endroit d'aucuns de ses serviteurs plus affidez, dautant qu'en cela ny en aucune autre chose, vous ne vouliez rien faire que de son sceu et consentement, qu'ils avoient tous receu commandement d'accepter ce que vous leur offririez (1).

Lettre de M. de Ville-roy à M. de Sully.

§ 2. — Monsieur, la duchesse de Mantouë doit arriver à Nancy le huictiesme ou dixiesme du mois de juin, où elle ne doit demeurer que huict ou dix jours au plus; son train est de deux cens chevaux et de deux cens trente personnes. Les siens, comme les gens de M. de Lorraine qui nous ont donné le susdit advis de sa venuë, demandent ce qu'il plaist au Roy qu'elle fasse et devienne apres qu'elle aura achevé à Nancy ce qui l'a fait venir, dont Sa Majesté m'a commandé vous escrire avoir besoin et desirer vostre conseil pour s'en resoudre, faisant estat d'envoyer et faire trouver audit Nancy quelqu'un de sa part, au temps que ladite dame y arrivera, avec ses intentions. C'est pourquoy Sa Majesté vous prie partir de vostre maison à temps pour vous rendre à Paris le cinq ou sixiesme du mois prochain; car Sa Majesté fait estat d'aller faire une course en ladite ville, à la fin de ce mois, où elle vous attendra, en visitant cependant monseigneur le Dauphin.

Il est question aussi de resoudre si nous def-

(1) XVI, 504, année 1603.

frayerons ladite dame avec sa suite, tant qu'elle demeurera avec nous, en attendant le temps de nos baptesmes ou non, et comment on la traitera, la Reine desirant que l'on ait esgard qu'elle est sa sœur aisnée, et qu'elle est appelée en ce royaume pour servir le Roy en une occasion non vulgaire. Vous en direz vostre advis quand vous serez icy, où nous attendons cette semaine la reyne Margueritte, laquelle nous faisons estat de remener avec nous à Paris, au commencement de la prochaine (1).

Distribution de cent mille escus aux Jesuites.

§ 3. — Pour employer au bastiment de l'Église et dudit college, 165,000 livres : cy   165,000 livres.

Pour l'achapt des places à faire ladite Eglise et college, 21,000 livres : cy   21,000

Pour recompense des benefices occupez par personnes qui n'en ont nul titre, et qui ne sont point d'Église pour faire ladite fondation, 75,000 livres : cy   75,000

Pour faire un palais en ladite ville de La Flesche, au lieu de celuy où logent de present lesdits peres Jesuites, et où se fera ledit bastiment, 12,000 livres : cy   12,000

A *reporter*....   273,000 livres.

(1) XVII, 161, année 1606.

	Report.....	273,000 livres.
Pour acheter des livres, 3,000 livres : cy		3,000
Pour acheter des ornemens à faire le service, 3,000 livres : cy		3,000
Pour fournir à la nourriture desdits peres Jesuites, la presente année, 6,000 livres : cy		6,000
Pour rendre au sieur de La Varenne, qui leur a presté, depuis qu'ils sont à La Flesche, tant pour vivre què pour achepter des meubles, 15,000 : cy		15,000
	Total.	300,000 livres.

Fait à Fontaine-bleau, le 16 d'octobre 1606.

HENRY.

Et plus bas,

DE LOMENIE (1).

SECTION II

GÉNÉROSITÉS ET FANTAISIES DU ROI.

§ 1. — Je vous depesche ce courrier expres pour vous prier de m'envoyer par luy deux cens escus, pour faire distribuer aux pauvres malades, lesquels je ne puis encore toucher de quelques jours, et j'ayme mieux leur faire donner quelque chose pour attendre que je me porte mieux que

(1) XVII, 166.

de les renvoyer sans les toucher. A Dieu mon amy, lequel je prie vous avoir en sa saincte et digne garde (1).

Ce samedy, à dix heures du matin, 24 may 1603, à Fontaine-bleau.　　　　　　　HENRY.

§ 2. — Mon amy, j'ay fait dépescher une ordonnance au sieur Garnier, mon predicateur ordinaire, de la somme de deux cens escus, pour avoir presché devant moy l'Advent et le Caresme ; et outre ce, je le meine encore en ce voyage. C'est pourquoy et pour le contentement que j'ay de luy, attendant que j'aye moyen de faire mieux pour luy, je vous prie de faire qu'il soit payé comptant de ladite somme de deux cens escus, et que me servant bien comme il fait, il ait autant d'occasion de contentement et d'affectionner mon service qu'ont eu les autres employez en sa charge par les roys mes predecesseurs. Et sur ce, Dieu vous ayt, mon amy, en sa sainete et digne garde (2).

Ce 6 avril 1601, à Fontaine-bleau.

　　　　　　　　　　　　　　　HENRY.

§ 3. — Vous vistes naistre ses nouvelles amours (avec Mlle d'Entragues) avec grand regret, et en eustes encor plus de desplaisir, apprenant que ce bec affilé, par ses bonnes rencontres, luy rendroit sa compagnie des plus agreables, et

(1) XVI, 419.
(2) XVI, 384.

voyant passer cette affection si advant qu'il vous
fallut (nonobstant que vous eussiez à faire fonds
extraordinaire cette année, de trois à quatre
millions, pour le renouvellement de l'alliance
des Suisses) trouver cent mille escus pour donner à cette baquenaut (1).

§ 4. — Mon amy, tantost parlant à vous, j'ay oublié de vous dire comme ces jours passez, durant
la foire Saint Germain, j'ay donné ou joüé de la
marchandise jusques à trois mil escus. Et pource
que les marchands desquels j'ay eu ladite marchandise me tiennent au cul et aux chausses, je
vous fais ce mot pour vous dire de faire bailler
presentement ladite somme à Beringuen, auquel
j'ay commandé de payer ceux à qui je dois, et
l'employer dans le premier comptant que vous
ferez au tresorier de mon espargne. A Dieu, mon
amy (2).

Ce mercredy au soir, dernier février, à Paris.

HENRY.

Vous receustes quelques jours apres une lettre du Roy, que nous avons bien voulu inserer
icy pour monstrer quelles despences excessives
Sa Majesté faisoit au jeu, pour lesquelles il vous
falloit, sans repliquer, trouver le fonds.

(1) XVI, 319, année 1599.
(2) XVII, 174, année 1607.

Lettre du Roy à M. de Sully.

§ 5. — Mon amy, j'ay perdu au jeu vingt-deux mille pistolles ; je vous prie de les faire incontinent mettre és mains de Feideau, qui vous rendra cette-cy, afin qu'il les distribuë aux particuliers ausquels je les dois, ainsi que je luy ay commandé. A Dieu, mon amy.

Ce lundy matin, 18 janvier, à Paris.

HENRY.

Je veux que cette somme soit employée dans un comptant.

Quelques jours apres, le Roy estant venu à l'Arsenac pour vous protester de ne joüer plus si gros jeu....

§ 6. — Se devant dancer une certaine nuit un fort beau ballet à l'Arsenac, et vous estant rencontré en une des portes par laquelle entroient les femmes, vous apperceustes un homme entre icelles qui s'avançoit pour entrer en tenant une sous les bras (car nous estions lors avec vous, et vismes tout ce passe-temps), auquel vous criastes aussi-tost : « Monsieur, ne laissez pas d'aller chercher « une autre porte ; car, selon que je puis juger « de vostre teint, difficilement passerez vous pour « une belle dame. » A quoy il vous repartit en riant, mais avec un fort mauvais François : « Mon- « seigneur, quand vous sçaurez qui je suis, vous « ne me refuserez point, je m'asseure, la cour-

« toisie de pouvoir entrer avec ces belles et
« blanches dames, quelque basané que je puisse
« estre; car je m'appelle Pimantel, qui ay l'hon-
« neur d'estre bien veu du Roy, et de jouër fort
« souvent avec Sa Majesté. — Comment, vertu
« de ma vie, luy respondistes-vous soudain, voire
« avec un ton de voix comme si vous eussiez esté
« en colere, vous estes donc, à ce que je vois, ce
« gros piffre de Portugais qui gaignez tous
« les jours l'argent du Roy? Par Dieu, vous
« estes mal arrivé, car je n'aime ny veux de
« telles gens ceans; et partant ne laissez pas
« d'aller chercher, comme je vous lay desja dit,
« une autre entrée, car vostre baragoin de lan-
« gage n'est pas suffisant pour me persuader. »
Ce qu'ayant esté contraint de faire, comme le
Roy luy demanda le lendemain s'il avoit pas veu
le ballet, et n'avoit pas esté beau et bien dansé,
il luy respondit qu'il en avoit eu envie, mais qu'il
avoit trouvé à une porte son grand financier avec
son front negatif, lequel l'avoit bien renvoyé. Et
la dessus luy conta tous les propos que vous aviez
eus ensemble; dequoy Sa Majesté fit de grands
esclats de rire, et depuis le conta à plusieurs (1).

(1) XVII, 223, année 1608.

CHAPITRE II
Résultats.

SECTION I
RÉGULARITÉ DANS LA PERCEPTION DES IMPÔTS.

Lettre de M. de Rosny au Roy.

SIRE,

J'escrivis hier bien amplement à vostre Majesté, en responce sur tous ses precedens commande-mens, avec information bien particuliere de plu-sieurs siennes affaires. Depuis il m'a honoré d'une autre lettre que je viens de recevoir, suivant la-quelle je commenceray dés ce jourd'huy à faire conter et encaquer l'argent necessaire pour faire faire monstre aux cinq regimens françois et à toutes les compagnies de Suisses et de lansque-nets. S'il y eut eu assez d'argent au coffre, j'en eusse fait faire autant aux compagnies de gens d'armes et de chevaux legers, aux officiers et chevaux d'artillerie, et donné contentement à ceux des vivres. Toutes-fois cela ne sera differé que jusques à mardy prochain, que je feray recevoir les sommes necessaires, ayant appris à ceux qui m'avoient donné parole de fournir l'argent plutost qu'à mon endroit (ainsi que j'ay fait en vostre escole), promettre et tenir est une mesme chose. Au commencement, ceux de cette province, et sur tout de la ville, me trouvoient un peu trop exact; mais ayant recogneu par mes procedures que je ne le suis pas moins à faire observer la parole que je leur donne qu'à leur faire tenir leurs promesses, ils commencent à trouver bon mes ordres et formes de proceder, voire à me donner des loüanges au lieu de blasmes, dont j'ai bien sceu que l'on vous avoit fait des contes. Quoy ce soit, je n'obmettray ny diligence ny prud'hommie pour bien mesnager vos revenus, assembler vos deniers, les dispencer loyalement et par bon ordre, et soulager conjointement vos peuples, autant que les necessitez presentes me le pourront permettre, et ne crains point le reproche de ce qui aura passé par ma cognoissance et mes ordonnances, ny qu'il en vienne apres moi un autre qui fasse mieux (1).

SECTION II

PAIEMENT DES DETTES.

§ 1. — Vous continuastes aussi en cette année 1605 (suivant les ordres et commandemens exprès que vous en receviez de nostre sage Roy, qui avoit

(1) XVI, 281.

un soin merveilleux de les vous ramentevoir) vos
soins et sollicitudes accoustumées à l'entretenement, affermissement et accroissement des amitiez, alliances, intelligences et confederations
estrangeres avec tous les roys, princes, potentats,
republiques et peuples, qui estoient ou pouvoient
devenir de facion françoise; Sa Majesté faisant
payer aux uns tous les ans bonnes sommes de
deniers, sur ce qui leur estoit legitimement deu,
pour avoir secouru et assisté d'hommes et d'argent la France, en ses urgentes necessitez, gra-
tifiant les autres de pensions et entretenemens
ordinaires; usant de complimens, recherches et
presens honorables envers les autres, donnant
des esperances d'eslever aux éminences et di-
gnitez les autres, assistant les autres de deniers,
hommes et munitions en leur besoin, et rendant
un soin merveilleux à entretenir tous ses amis
et alliez en bonne union les uns avec les autres,
et à composer les differends qui survenoient
entr'eux, non seulement comme un amiable
compositeur, mais comme s'il eust esté le vray
arbitre des chrestiens. En toutes lesquelles
choses il ne s'employoit pas moins de trois à
quatre millions par chacun an (1).

Lettre de l'electeur Palatin à M. de Sully.

§2. — Monsieur mon cousin, je ne sçay par quel
accident la poursuite du remboursement de mes

(1) XVII, 16.

deniers si sincerement prestez au Roy, monsieur
et tres-honoré cousin, et à la couronne de France,
s'entraisne d'une difficulté en l'autre, et que ce
qui a esté une fois deuëment approuvé se rend
de nouveau disputable, en sorte que, nonobstant
toutes diligences faites par les miens, je n'ay en
huit ans peu tirer qu'une assignation. Le traittement peu convenable à l'affection que j'ay
tousjours euë au bien des affaires de sa dignité
royale et à la bonne volonté qu'elle me porte,
est cause que j'envoye le sieur de Carl Paul,
l'un de mes conseillers et gentil-hommes ordinaires, vers mondit sieur et tres-honoré cousin,
pour le prier tres-affectueusement me vouloir
faire sortir de ce labyrinthe. Et dautant que
vous m'avez promis toute assistance, et que
d'ailleurs estes disposé et pouvez m'y faire de
bons offices, j'ay bien voulu vous en prier, comme
je fais affectueusement, en vous asseurant que je
seray tousjours prest à en tesmoignar reconnois-
sance en toutes choses que je sçauray vous estre
agreables. Sur ce, priant Dieu, mon cousin,
vous avoir en sa sainte garde (1).

De Heildelberg, ce 3 juillet 1608.

FRIDERIC, electeur Palatin.

Lettre de la main du Roy à M. de Rosny.

§ 3. — Mon amy, pource qu'il y en a (lesquels

(1) XVII, 261.

vous cognoistrez bien sans que je les nomme, d'autant qu'ils sont de mes anciens serviteurs comme vous, que vous avez souvent repris de leurs dépits et trop libres langages, parlant de moy) qui vont discourant mal à propos, où vous n'estes pas épargné, disant que plus vous m'amassez de tresors, plus vous me rendez riche et avare, et que non seulement je ne donne plus rien, mais aussi refuse de payer ce que je dois à ceux qui m'ont bien servi, sous ombre que je ne vous ay pas voulu escrire de leur payer de vieilles debtes qu'ils se sont fait transporter, et afin de leur faire voir ce que j'ay donné, ce que je dois et ce que je paye, envoyez moy un estat, le plus sommaire que vous pourrez, des debtes de ce royaume, de toutes les natures, sur lesquelles vous faites payer tous les ans quelque chose, et par ce moyen leur faire cognoistre qu'ils s'abusent. Au reste, quant à la broüillerie, etc., il y a bien pis, que je ne vous voulus pas dire aux Tuilleries, pource que vous n'estiez pas seul; mais maintenant que je vous envoye le jeune Lomenie exprez pour porter seurement cette lettre, je vous diray, etc. Adieu, mon amy, bruslez cette lettre, car je ne voudrois qu'un autre que vous la vist.

De Fontaine-bleau, ce 31 mars 1605. HENRY.

Estat des sommes acquittées à la descharge du Roy et du royaume.

Premierement, à la reine d'Angleterre, tant

pour argent presté au Roy mesme, que pour celuy qui a esté fourni pour l'armée allemande, celle de Bretagne, et les troupes entretenuës prés du Roy, au siege de Dieppe, de Roüen, pour les flottes et vaisseaux, et autres occasions suivant les vérifications faites. 7,370,800 livres.

Plus, pour ce qui est deub aux cantons de Suisse, tant pour les sensez et services rendus, que pour les pensions, compris les interest. 35,823,477 l. 6 s. 2 d.

Plus, pour ce qui est deub aux princes d'Allemagne, villes imperiales, colonnels et capitaines de reistro et lansquenets, tant d'une que d'autre religion, tant pour deniers par eux prestez, services par eux faits, soldes et appointemens de gens de guerre, que pour les arrerages de pensions, suivant les estats qui en ont esté par eux presentez. 14,689,734

Plus, pour ce qui est deub aux provinces unies

A reporter.... 57,884,011 l. 6 s. 2 d.

Report.... 57,884,011 l. 6 s. 2 d.

des Pays-Bas, pour argent presté, solde et entretenements de gens de guerre au service du Roy, poudres, munitions et vaisseaux fournis à Sa Majesté, durant les guerres de la Ligue — 9,275,400

Plus, pour debtes pretendues par les princes, seigneurs, gentils-hommes, colonnels, mestres de camps, capitaines et soldats qui ont servi durant les guerres, et n'ont esté entierement payez de leurs gages, appointements, pensions, soldes et entretenements de gens de guerre — 6,547,000

Plus pour debtes pretendues par tous les interessez au grand parti de Lion, et ceux des Gabelles et tirages de Pécais et Lionnois, cinq grosses fermes, traites foraines et domaniales, aydes et gabelles de France, ensem-

A reporter...... 73,706,411 l. 6 s. 2 d.

Report....   73,706,411 l. 6 s. 2 d.

ble par plusieurs provin-
ces, villes et communau-
tez, et particuliers, pour
arrérages de rente sur
toutes natures de deniers,
dautres charges sur les
revenus du royaume, ga-
ges, estats, et pensions des
officiers domestiques de
judicature, police et fi-
nance, suivant les estats
dressez sur les demandes
qui en ont esté faites   28,450,360

Plus pour plusieurs
debtes pretendues par di-
vers particuliers, pour
rescriptions, quittances
de l'espargne, mande-
mens et acquits patents,
suivant ce que l'on en a
pu justifier par les de-
mandes qui ont été faites
et papiers que l'on a re-
presentez, la pluspart desquels proviennent des
comptes du roi Henri III.   12,236,000

Plus pour les engage-
ments de domaines, cons-
titutions de rentes sur

A reporter.....   114,392,771 l. 6 s. 2 d.

Report.... 114,392,771 l. 6 s. 2 d.

toutes sortes de revenus, dont les particuliers jouissent par leurs mains, ou en sont payez par les officiers, les sommes en sont effroyables en principal. Et d'autant qu'ils ne demandent plus rien au roi, à cause de leur jouissance, qu'un, deux, ou trois quartiers dont ils sont retranchez, et que les arrérages ne sont compris à l'article précedent, celluy-ci sera tiré par estimation seulement à· 150,000,000.

Plus, pour toutes les debtes à quoy montent tous les traitez faits pour réductions, de pays, villes, plans et particuliers, en l'obeyssance du Roy, afin de pacifier le royaume (1). 32,227,381

Somme totale : 296,620,152 6 s. 2 d. (2).

(1) V. Liv. 1, ch. II, p. 22.
(2) Le total, dans l'édition originale, monte à 307,602,287. Il faut admettre qu'un secrétaire en copiant aura oublié un article, plutôt que croire à une erreur d'addition. Au surplus, même ce total de 307 millions est inférieur à la réalité. Sully ne mentionne pas 3,428,000 francs de rentes sur l'Hôtel-

SECTION III

ÉCONOMIES. — TRÉSOR DE GUERRE.

Lettre de Villeroy à Sully.

§ 1. — Je vous renvoye l'ordonnance du Roy qui concerne l'argent qu'il faut deposer en la Bastille, provenu de vostre bon mesnage (1).

§ 2. — Le Roy n'estimant pas que des capitaines mal payez, des soldats negligez, levez à coups de baston, et retenus au camp et en devoir par la crainte des prevosts, des prisons et des potences, portassent jamais grande amitié à ceux qui les employeroient, ny combatissent de cœur et de courage, comme il appartient, et supportassent gayement les peines, perils et fatigues de la guerre, se resolut de preparer des moyens pour les souldoyer suffisamment, et leur subvenir en leurs necessitez, playes, et maladies; et, pour y parvenir, de mesnager tellement ses revenus, et regler de sorte ses despences non absolument necessaires, qu'il pût faire tous les ans quelque reserve de deniers : ce que vous ayant fait pratiquer és années 1603 et 1604, il fit expedier une ordonnance pour la conservation d'iceux deniers, icelle estant telle que s'ensuit :

de-Ville, du temps de François Ier, Henri II et de ses trois fils, qui au denier douze font 41,000,000 de livres. Total 348,000,000 livres.

(1) XVI, 406.

Déclaration du Roy pour mettre de l'argent à la Bastille.

Le Roy ayant resolu de faire un fonds de deniers, pour s'en servir et ayder aux occasions qui peuvent arriver, et par ce moyen pourvoir à la seureté, manutention et conservation de son Estat et couronne, contre les mauvais et pernicieux desseins de ses ennemis, veut et ordonne que d'oresnavant tous les deniers revenans bons en son espargne, enfin de chacun quartier, apres les despences ordinaires et necessaires acquittées, estre par les tresoriers de sondit espargne, chacun en l'année de leur exercice, mis en son chasteau de la Bastille, és coffres que sadite Majesté y a fait mettre à cet effet, et ce en la presence du sieur marquis de Rosny, conseiller de sadite Majesté en ses conseils d'Estat et privé, grand maistre de l'artillerie de France, et superintendant des finances, et de maistre Jean de Vienne, conseiller audit conseil d'Estat, et controoleur general desdites finances; lesquels auront chacun une clef desdits coffres, et bailleront audit tresorier de l'espargne estant en exercice, qui aussi aura une clef, certifications signées de leurs mains, des sommes de deniers qui auront esté par luy mises esdits coffres, lesquelles certifications sadite Majesté veut et entend servir de descharges valable audit tresorier de l'espargne, jusques en fin de son exercice; apres lequel expiré, et avant la verification de son Estat,

son compagnon d'office, qui luy succedera audit exercice, sera tenu, et luy ordonne sadite
Majesté, de prendre lesdites certifications, et
au lieu d'icelles expedier sa quittance, à l'acquit
de son compagnon d'office, pour la somme à
quoy monteront lesdites certifications, et qui
sera esdits coffres, dont il pourra faire verification, si bon luy semble, laquelle somme sadite
Majesté veut estre passée et allouée és comptes
dudit tresorier de son espargne, sortant d'exercice, en vertu de ladite quittance, par les gens
de ses comptes, ausquels elle mande et ordonne
ainsi le faire, sans aucune difficulté. Et pour
plus ample approbation du contenu cy-dessus,
sadite Majesté a voulu signer la presente ordonnance de sa propre main, et fait contre-signer
par moy, son conseiller d'Estat, et secretaire de
ses commandemens et finances (1).

A Paris, le vingtiesme jour de juillet 1602.

HENRY.

Et plus bas,   DE NEUF-VILLE.

Par le troisiesme de ces estats, vous faisiez cognoistre au Roy comme il avoit quinze millions huict cens soixante et dix mil livres d'argent comptant dans ses chambres voutées, coffres et caques, estans en la Bastille, outre dix
millions que vous en aviez tirez et baillez au

(1) XVI, 620.

tresorier de l'espargne Puget, pour luy faciliter
ses avances d'argent comptant de l'année de son
exercice, à la charge de les remplacez dans les
quatre mois de l'année subsequente (1).

SECTION IV

RESSOURCES. — RECETTES ET DÉPENSES.

§ 1. — Vous mesnageastes aussi de sorte en ce
commencement d'année le revenu des aydes et
parties casuelles, desquelles il ne se tiroit quasi
rien au profit du Roy, à cause qu'elles avoient
esté affectées au remboursement de certaines
préterduës debtes du sieur de Gondy, par l'intelligence qu'il avoit euë avec le sieur d'Incarville et autres du conseil qui participoient à ces
choses, tellement que dans peu d'années vous
en fistes un revenu annuel de plus de trois millions, par le moyen desquelles augmentations
vous disposiez tousjours le Roy à descharger
son pauvre peuple de quelques sommes notables (2).

§ 2. — « Mais encore, dit le Roy, sans vous in-
« terrompre, combien ay-je bien d'argent? car
« je ne l'ay jamais bien sçeu. — Or, devinez, Sire,
« luy dites-vous, que pensez vous bien avoir?
« — Ay-je bien douze millions comptant? vous
« dit-il. — Un peu davantage, luy respondistes-

(1) XVII, p. 106, année 1605.
(2) XVII, 17, année 1605.

« vous. — Combien, Quatorze? » Et ainsi, de
deux millions en deux millions, il alloit en augmentant à mesure que vous disiez un peu davantage; et comme vous vinstes à trente, il
vous alla embrasser, disant : « O! je ne vous
« en demande plus. — Or, Sire, respondistes-
« vous, j'ay dressé un estat pour vous faire voir
« un nouveau fonds asseuré de quarante millions
« d'extraordinaire en trois ans, pourveu que mon
« ménage ne soit point traversé, non compris le
« courant, pour les depences ordinaires de vos-
« tre maison et du royaume, à quoy je ne tou-
« che point. — Et où est cet estat? vous dit le
« Roy. — Je le vous bailleray, escrit de ma
« main, quand il vous plaira, luy repondistes-
« vous (1). »

§ 3. — Ayant à present pris une entiere cognoissance de tout l'estat de France, de ses facultez et
des bons mesnagemens qui s'y pouvoient faire, et
vostre Majesté estant resoluë d'en user avec la
prudence requise, il n'y avoit point de dou'e
qu'avant peu d'années, elle auroit dequoy acquitter, non seulement toutes ses debtes et assister tous ses amis, et confederez au besoin, mais
aussi de faire un fonds suffisant, d'argent, d'armes, d'artillerie, de munitions et de vivres, pour,
avec son courage, ses amis, sa creance, son ex-
perience et sa reputation, effectuer tout ce à

____

(1) XVI, 305, année 1609,

quoy les plus hautes cogitations de quatre si grands roys pourroient atteindre (1).

§ 4. — Le Roy Henry le Grand, quatriesme du nom, apres avoir reconquis son royaume, par sa valeur et prudence, acquitté pour cent millions de debtes de la couronne, contracté pour le rachapt de soixante millions de domaine ou rentes, fortifié ses frontieres, garni ses magazins de tous sortes d'armes, d'artilleries et munitions, armé bon nombre de galleres, erigé plusieurs superbes bastimens, meublé ses maisons de pierreries et meubles precieux, et mis vingt millions d'argent comptant dans ses coffres, mourut le 14 may 1610, et lors il revenoit de deniers bons en son espargne, moitié provenans des tailles et moitié des fermes, environ seize millions de livres (2).

Estal de recepte et despense ordinaire et accoustumée, et ce pour l'année 1610.

§ 5. — La recepte ordinaire de l'année 1610, suivant l'estat dressé au tresorier de l'espargne Puget, dont j'ay baillé copie au Roy, monte à
15,657,700 liv.

L'estat de la despence ordinaire du Roy et du royaume, suivant l'estat dressé au tresorier de l'espargne Puget, dont j'ay baillé une copie au Roy, monte à   15,697,000 liv.

(1) XVI, 482, § 4.
(2) XVII, 266.

Estat de la recepte extraordinaire de tous les deniers que j'ay mesnagez à Sa Majesté depuis la paix de Vervins.

Premierement, dans les chambres basses voûtées de la Bastille, des portes desquelles le controlleur des finances Vienne a une clef, le tresorier de l'espargne Phelippeaux une autre, et moy une autre, il y a trente caques etiquetez par ledit Phelippeaux, dont le bordereau, signé de nous trois, monte à   8,850,000 livres.

Plus, le bordereau des caques etiquetez Puget, monte à   6,940,000

Plus, le bordereau des caques etiquetez Bouhier, monte à   7,670,000

SOMME,   23,460,000 livres.

Autre recepte de deniers extraordinaires qui sont deubs.

Premierement, des deniers que j'ay fait bailler au sieur Puget, pour faire partie de ses advances pour les despences payables comptant,   5,000,000 livres.

Plus, les deniers qui restent deubs de la composi-

A reporter....   5,000,000 livres.

Report....	5,000,000 livres.
tion des financiers, dont j'ay une promesse de M. Morant,	1,730,000
Plus, des deniers qui restent deubs par le clergé, suivant la convention faite avec ses deputez, dont j'ay une promesse du sieur de Castille,	1,178,000
Plus, suivant le comptereau par moy dressé sur les estats verifiez de toutes les receptes generales de France, des années 1606, 1607 et 1608, et de la presente année, par estimation,	5,000,000
Plus, d'un comptereau semblable à celuy de l'article precedent, touchant tous les restans deubs par tous les fermiers de France, des mesmes années,	4,977,000
Somme totale de ce chapitre,	17,885,000 livres.
Somme totale des deux chapitres, dont l'on doit estimer les deniers comme comptans,	41,345,000 livres.

Autre estat de recepte de plusieurs natures de deniers extraordinaires, qui me sont offerts moyennant certaines conditions.

Premierement, il y a divers particuliers qui

me demandent la prolongation des baux des
fermes pour neuf ans; moyennant laquelle ils
offrent de payer comptant, en trois ans, vingt-
quatre millions, qui seroit pour chacune des
trois années,   8,000,000 livres.

Plus, tous les particuliers
qui ont contracté pour les
rachaps des quatre-vingts
millions de domaines, greffes, rentes et attributions
sur le Roy, font offre de
douze millions, payables en
trois ans, s'il plaist à Sa Majesté de prolonger le temps
de leurs rachapts de quatre
années : cy par an,   4,000,000

Plus, pour les augmenta-
tions que divers particuliers
veulent faire sur les fermes,
droits et attributions d'officiers, et levées qui se tolè-
rent, pour cet effet, en
Gueyenne, Languedoc, Pro-
vence, Dauphiné, Lyonnois
et Bourgogne, moyennant
que l'on leur en laisse la
jouissance pour six ans, et
quelques menus droits et
attributions, pour lesquelles l'on m'offre quinze mil-

A reporter.... 12,000,000 livres.

Report..... 12,000,000 livres.

lions payables en trois ans:
cy par an, 5,000,000

Plus, pour diverses sortes de droits, gages, taxations, attributions et priviléges que requierent les chambres des comptes, cours des aydes, tresoriers generaux de France, officiers des eslections, greniers à sel, et tous autres comptables de France, moyennant lesquelles ils m'offrent trente millions payables en trois ans : cy par an, 10,000,000

Somme de ce chapitre par an, 27,000,000

Et pour trois ans, 81,000,000

Somme totale des trois chapitres de recepte cy-dessus, dont une partie est tout comptant, et l'autre payable en trois ans : cy pour tous les trois chapitres, 122,345,000 liv. (1).

§ 6. — « J'ay leu et releu vos Memoires, esquels

(1) XVII, 436.

« il y a plusieurs choses bonnes, faciles à entendre
« et à executer; mais il y en a d'autres où il me
« semble qu'il y a beaucoup à redire, et où j'ay
« peur que vous mesme n'y trouviez pas vostre
« compte. » Et lors en l'interrompant vous lui
distes : « Sire, je m'estois bien douté que vous
« me tiendriez ce langage, duquel je vous suplie
« de remettre le surplus jusques à ce que vous
« ayez veu deux autres estats que j'ay encore
« dressez, lesquels je m'asseure vous esclairci-
« ront d'une bonne partie de vos doutes, et vous
« contenteront les ayant. — Or bien, laissez-les
« moy, dit le Roy, afin que je les voye tout à
« loisir, et puis je vous en diray mon advis. »
Ce que vous fistes, iceux estans tels que s'ensuit:

Estats servans d'esclaircissement au premier.

Premierement, Sa Majesté estant resoluë, suivant ce qu'il luy a pleu de m'en dire, de se
contenter de la seule gloire en toute son entreprise, qui ne tend qu'à delivrer tous les potentats de la chrestienté, de la terreur des armes et
domination d'Espague, fera partager le plus
proportionnellement qu'il se pourra, suivant
l'advis commun de ses associez, toutes les conquestes qui se feront sur la maison d'Austriche
et ceux de leur faction, conformément à ce qui
en est dit au projet que je luy en ay baillé le
second jour de janvier dernier.

Plus, afin d'empescher toutes sortes d'ombra-

ges qui pourroient naistre de ces grands preparatifs, Sa Majesté fera, s'il luy plaist, partir au
plustost ses ambassadeurs, pour informer tous
princes de ses bonnes intentions, conformément
au projet cy-dessus spécifié, luy ayant pleu de
nommer M. de Bethune pour aller vers le Pape
et autres princes et republiques d'Italie non encore declarées; M. de Bullion vers les Venitiens
et le duc de Savoye; M. de Caumartin vers les
Suisses et Grisons, et leurs alliez; M. de Schomberg vers les ducs de Saxe, Bavieres, Brunsvic,
marquis de Brandebourg et autres princes et
villes imperiales non encore declarez; M. de
Bongars vers les Estats et peuples de Hongrie,
Boheme, etc., et le prince de Transilvanie; M. de
Boissis vers les roys de Dannemarc et Suede,
et villes de la mer Baltique; M. le president
Jeannin vers le roy de la Grande Bretagne, les
Provinces-Unies et les princes héritiers de Cle-
ves; M. Ancel vers l'Empereur et les Polonois;
M. de Monglat vers le Grand Seigneur, et M. de
Preaux vers les archiducs, selon qu'il sera jugé
à propos.

Plus, Sa Majesté, suivant ce qu'il luy a pleu
me declarer estre de son intention, avant que
d'aller en son armée, establira la Reine pour
regente, assistée d'un conseil sans lequel elle ne
pourra rien déliberer, composé, conformément
au roole qui en a esté dressé par le Roy, de messieurs les cardinaux de Joyeuse et du Perron,
ducs de Mayenne, Montmorency et Montbason,

mareschaux de Brissac et Fervaques, et de messieurs de Chasteauneuf, garde sceau de la regence, de Harlay et Nicolaï, de Chasteauvieux, de Liancourt, de Pontcarré, de Gesvres, de Villemontée et de Maupeou; lequel conseil, neantmoins, ne resoudra rien de grande consequence, qui ne soit conforme à la generale instruction dressée par iceluy, ou que Sa Majesté n'en soit advertie.

Plus, en chascune province des quatorze esquelles a esté separé le royaume, il sera aussi estably une espece de petit conseil composé de cinq personnes, telles qu'il plaira au Roy de choisir sur le grand estat qui luy en a esté mis entre les mains, il y a plus de huict jours, dont l'une d'icelles sera du clergé, l'autre de la noblesse, l'autre de la justice, l'autre des finances, et la cinquiesme des corps de villes, lesquels conseils auront correspondance avec celuy de la regence. Les provinces estans ainsi composées, la premiere sera l'Isle de France, la deuxiéme la Bretagne, la troisiesme la Normandie, la quatriesme la Picardie, la cinquiesme la Champagne, la sixiesme la Bourgogne et Bresse, la septiesme le Lyonnois, Forests, Beaujolois et Auvergne, la huictiesme le Dauphiné....., la unziesme la Guienne, la douziesme le Poictou, Onix, Xaintonge, Angoulmois et Limosin, la treiziesme Orleans, Anjou, Touraine, le Maine et le Perche, et la quatorziesme Berry, Bourbonnois, Nivernois et la Marche.

Plus, outre l'estat des garnisons ordinaires dont il se fait fonds tous les ans dans l'estat general, il a esté fait un fonds extraordinaire pour la solde de deux mil hommes de pied, desquelles seront renforcées celles des places que l'on verra en avoir le plus de besoin; dont les despenses, à raison de dix-huit livres pour soldat, compris la solde des chefs, reviendra à la somme de trente-six mil livres par mois, et par an de dix mois à.......................... 360,000 livres.

Plus, outre l'estat des deux grandes armées du Roy, il a esté fait fonds, pour l'entretenement d'un petit corps d'armée, en forme de camp-volant, de quatre mil hommes de pied, à dix-huit livres par mois chasque homme de pied, de six cens chevaux à cinquante livres par mois chascun homme de cheval, et dix pieces d'artillerie à mil escus pour piece, tous frais de charrois, munitions et gages d'officiers compris ; tous lesquels reviennent par mois à cent trente-trente-deux mil livres, et pour douze mois, à............................... 1,584,000 liv.

Plus, Sa majesté ayant ainsi pourveu au dedans de son royaume, elle composera une armée pour marcher avec sa personne, qui sera de vingt mil hommes de pied françois, six mil Suisse, trois mil chevaux, sans les mil de la cornette blanche, et trente pieces d'artillerie : lesquels, à la mesme raison du dernier article, reviendront par an de douze mois, 8,496,000 liv.

Plus, pour toutes sortes de despenses inopi-

nées, ouvrages, pionnages, voyages, dons, recompenses et autres frais, à raison de soixante
et dix mil livres par mois, et pour douze mois,
.... 840,000 liv.

Plus, pour toutes sortes d'achapts d'armes,
outils, ferremens, instrumens, munitions, matieres, et pour les frais des levées, par estimation.................................. 800,000 liv.

Armées des princes d'Allemagne et des provinces unies des Pays-Bas.

Premierement, messieurs les princes electeurs
Palatin et de Brandebourg, ducs de Nieubourg
et des Deux Ponts, landgrave de Hessen, prince
d'Anhalt, et d'autres pretendans à la succession
de Cleves et leurs alliez, contre la maison d'Austriche, suivant le traité fait avec le prince d'Anhalt et ce qu'il a promis en leur nom, auront
quinze mil hommes de pied, deux mil chevaux
et dix canons, à leurs frais et despens, et à ceux
du Roy................................... neant.

Plus, M. le prince Maurice aura une armée
toute semblable, suivant le traitté fait avec les
sieurs comte de Brederode, Malderet et autres
ambassadeurs ayans pouvoir de messieurs les
Estats, cy en despense pour le Roy..... neant.

Plus, ces armées ainsi composées, et les magasins aux lieux designez, fournis de blebs,
vins, avoines, foins, bois, cuirs, toiles, cordages,
suifs, cires, beurres, fromages, salines, bieres,

lards et légumes, suivant les marchez et contracts passez entre le Roy et des marchands de Liege, Aix et Cologne, Sa Majesté marchera en corps d'armée droit à Mezieres, et puis prendra son chemin par Clinchamp, Orchimont, Beau-reing, Offais, Lompré, Rochefort, Marché, Saint-Hubert, La Roche Ofalise, Saint-Vit, Stavelo, Durbuy et Duren, sur lequel elle fera eriger cinq forts de cinq bastions, chacun aux lieux desjà reconnus, dans lesquels sera distribué deux mil hommes en garnison, avec des magasins de munitions et vivres necessaires ; pour l'achapt desquels est fait fonds de trois cens mil livres, et pour la solde des gens de pied de trois cens soixante mil livres : cy en tout..... 600,000 liv.

Avec telles forces, moyens et preparatifs, le Roy combattra tout ce qui se presentera en visage d'ennemy ; et en partant sera encore escrit par le Roy aux archiducs, pour sçavoir si leur intention est qu'il passe dans leur pais comme amy ou comme ennemy.

Les trois armées des princes d'Alemagne et des Estats estans jointes és environ de Duren et Stavelo, les Estats de Cleves et Julliers seront conquis et iceux restituez à ceux des pretendans qui seront jugez avoir le plus de droit ; et s'il y a contention pour la succession, les places fortes seront déposées és mains de leurs amis communs.

Pendant ces conquestes et factions guerrieres, se continueront les pratiques et negociations commencées pour arracher de la maison d'Austriche l'heredité de l'Empire, royauté des Romains, Hongrie et Boheme qu'ils ont usurpée, et en restablir les libres et anciennes élections aux princes et peuples qui en ont esté despoüillez, et proposer en mesme temps, afin de n'alterer les esprits des ecclesiastiques, de faire nommer le duc de Bavieres pour roy des Romains, suivant ce qui est dit au grand projet.

Plus, dautant qu'il sera impossible, parmy tant de mouvemens, que les archiducs ne donnent occasion, ou, pour le moins, pretexte de rupture de paix, la premiere qui se presentera sera embrassée, et, en diligence, Charlemont, Mastric et Namur, seront attaquez et tous les passages de la Meuse saisis, selon qu'il sera jugé plus à propos, et qu'il en est discouru en d'autres memoires baillez à vostre Majesté.

Plus, au mesme temps de l'aggression contre les archiducs, le camp volant, laissé en France, s'approchera des frontieres des Païs-Bas, et sera tout commerce defendu avec iceux de toutes parts.

Plus, les Provinces-Unies tiendront une bonne flotte voguante sur les costes de Flandres, pour les infester et empescher que rien n'entre dans leurs ports ny n'en sorte.

Plus, toutes les choses dites en ces derniers articles estans bien executées, le Roy laissera les forces des princes d'Alemagne et des Provinces-Unies, avec six mil hommes de son armée et les quatre mil de son camp volant, sur les lieux,

pour achever le surplus du projet, par attaquemens, degats et empeschemens d'entrée de toutes sortes de vivres, munitions, denrées et marchandises ; et Sa Majesté, avec le surplus de ses
forces, marchera vers la Franche-Comté, laquelle
prise et livrée aux Suisses, en suite elle s'ache-
minera vers la Boheme ou l'Italie, selon que les
affaires le requerront.

Armées du Roy sous M. Desdigieres, des Venitiens et de M. de Savoye.

Premierement, l'armée de M. Desdiguieres
sera composée de dix mil hommes de pied, mil
chevaux et dix pieces d'artillerie; la solde de laquelle, suivant le pied cy-devant dit, compris
cinquante mil livres pour les parties inopinées
et achapts d'armes, vivres et munitions, reviendra par mois à deux cens soixante mil livres,
qui est par an de douze mois,   3,120,000 liv.

Plus, les deux armées de Venise et de Savoye,
suivant ce qui a esté convenu avec eux, seront
composées de vingt-quatre mil hommes de pied,
trois mil chevaux et vingt-cinq pieces d'artillerie, lesquels seront soudoyez à leurs despens;
qui reviendront en somme totale sur le pied cy-
devant dit, compris quatre-vingt mil livres par
mois, pour toutes sortes de despenses inopinées,
à sept cens trente-sept mil liv. par mois, qui
seroit par an de douze mois   8,764,000 liv.

Plus, avec les susdites forces, celles du Roy,

si besoin est, et des autres princes qui se voudront joindre à l'union tres-chrestienne, seront faits les attaquemens dits au projet general.

Plus, touchant les princes qui se declareront ennemis ou se voudroient tenir neutres et les distributions des choses conquises, en sera usé comme il est dit au projet cy-dessus spécifié.

Plus, d'autant qu'il est quasi impossible que tant de grands mouvemens ne produisent plusieurs accidens et despenses, qu'il est bien difficile à la prudence humaine de prevoir, premicrement, j'oseray répondre à vostre Majesté d'avoir estably de tels ordres, et preparé de si bons memoires, suivant ce qui en est dit en une ample instruction que j'ay baillée à vostre Majesté l'année passée, pour estre suivie au cas qu'il vint faute de moy, qu'elle ne sçauroit manquer d'argent de cinq ans pour entretenir tout ce qu'elle met de gens de guerre sur pied. Et desja par advance, outre le fonds certain que j'ay fait pour trois ans, comme il sera dit cy-après, j'ay dressé un estat des choses à faire presentement, dont se pourra toucher plus de quinze millions, lequel je mettray és mains de messieurs de Chasteauneuf, de Villemontée et Maupeou, pour y travailler et en faire le recouvrement.

Sommaire des armées cy-dessus dites, et de leurs despenses.

Premierement, l'armée du Roy, dé M. Desdi-

guicrcs, du camp volant et de quatre mil hommes de garnisons augmentées, sont de quarante-
quatre mil hommes de pied, mille chevaux volontaires, quatre mil six cens chevaux soudoyez,
cinquante pieces d'artillerie. Tout cela revient
par an, compris les articles pour achapts, levées et parties inopinées, à   16,760,000 livres.

Plus, les armées des princes d'Alemagne, des
Provinces-Unies, de Venise et Savoye, sont de
cinquante-quatre mil hommes de pied, sept mil
chevaux et quarante-cinq pieces d'artillerie ; desquelles l'entretenement reviendra par an, compris deux cens mil livres par mois, pour tous
achapts, levées et parties inopinées, à la somme
de........................... 19,884,000 livres.

Il n'est icy fait aucun estat des armées que
pourront mettre sur pied le Pape, les rois de la
Grande Bretagne, Dannemarc et Suede, les Estats de Hongrie, Boheme et prince de Transilvanie, les ducs de Saxe, Bavieres, Lorraine et
autres qui pourront entrer en l'union tres-chrestienne, lesquels ne sçauroient moins faire qu'il
est porté par l'article precedent.

Estat du fonds pour l'entretenement des armées du Roy.

Premierement, sans toucher au fonds de la
despense ordinaire de l'espargne, je puis asseu-
rer vostre Majesté de ramasser, de toutes sortes
de deniers que j'ay mesnagez, vingt-cinq millions

d'argent comptant, dans trois ou quatre mois :
cy   25,000,000 livres.

Plus, des parties que vostre Majesté a retranchées sur l'estat de ses despenses ordinaires, suivant l'estat sur ce dressé et signé de vostre Majesté, sept millions six cens vingt-cinq mil livres par an, et pour trois ans,   22,875,000

Plus, des augmentations que l'on m'a offertes de faire sur toutes les fermes du royaume, ou diminutions de quelques charges sur icelles, trois millions par an : cy, pour les années 1611 et 1612,   6,000,000.

Plus, pour le recutement des termes des partis faits pour les rachapts des domaines et rentes sur soixante millions qu'ils se montent à raison de deux millions que l'on m'en a offert par chascun an : cy pour trois ans   6,000,000

Plus pour le mesnage qui se peut faire sur le

A reporter....   59,875,000 livres.

Report.... 59,875,000 livres.

droit annuel et parties casuelles, quatre millions :
cy 4,000,000

Plus, vostre Majesté se
souviendra des grandes op-
positions que j'ay tousjours
faites à tous nouveaux edits
pecuniaires, creations d'officiers et en corps et en particulier, augmentations de
gages, droits et attributions,
ce que je faisois exprés, afin
d'y trouver un grand fonds
d'argent en cas de besoin.
De tous lesquels advis, j'ay
fait un recueil et dressé un
estat abregé, par lequel,
sans grande foule sur vos
sujets, il se pourra recouvrer plus de cent douze millions : cy 112,000,000

SOMME TOTALE 175,875,000

Et la despense des armées
et garnisons de vostre Majesté, monte par an,
15,760,000, qui reviennent
en trois ans à 47,280,000

Partant il revient de bon,

A reporter... 128,595,000 livres.

Report.... 128,598,000 livres.

tant pour les non valeurs
que pour continuer les mesmes despenses, ou satisfaire

à l'augmentation d'icelles,   128,595,000 livres.

*Estat par le menu des despenses ordinaires
retranchées pour faire le fond du second
article du precedent estat.*

Premierement, des cent cinquante mil livres
du comptant du Roy,   50,000 livres.

Plus, des cinquante mil
livres des menües estrennes,   30,000

Plus, des six cens mil livres destinez aux basti-
ments,   450,000

Plus, des trois cens mil
livres destinez pour l'artillerie, d'autant qu'il est fait
fonds pour icelle dans la
guerre,   200,000

Plus, de six cens mil li-
vres destinez pour les menus dons, voyages et deniers
payes par ordonnonce, d'autant qu'il en est fait fonds
dans l'estat de la guerre,   450,000

Plus, des deux millions

A reporter.... 1,180,000 livres.

Report....	1,180,000 livres.

soixante et neuf mil livres pour les pensions, attendu que plusieurs sont employez dans l'estat de la guerre, en sera retranché sur les moins considerables,

700,000

Plus, sur les six cens mil livres des fortifications,

400,000

Plus, sur les deux millions laissez pour les parties inopinées, attendu qu'il est fait fonds pour iceles dans l'estat de la guerre,

1,825,000

Plus, sur l'article des trois cens mil livres et des deniers en acquit,

200,000

Plus, sur les douze cens mil livres des Suisses,

600,000

Plus, sur l'article des quinze cens mil livres laissez en fonds pour le payement des gens de guerre en campagne, dautant qu'ils sont tous compris aux armées,

1,200,000

Plus, sur l'article des cent mille livres pour M. de Vendosme et madame de Mercœur,

100,000

A reporter....	6,205,000 livres.

Report....	6,205,000 livres.
Plus, sur l'article des unze cens mil livres pour les ouvrages publics,	800,000
Plus, les trois cens mil livres pour les interests des advances, cy	300,000
Plus, sur le million restant du taillon, daütant que toute la gendarmerie est employée dans les armées,	700,000
Plus, les huit cens mil livres de l'Angleterre et Païs-Bas,	400,000
Plus, sur l'article des quatre cens mil livres pour l'Alemagne,	300,000
Plus, sur les cinq cens mil livres laissez pour la Reine, Florence, Lorraine, Bassompierre et Zamet,	400,000
Plus, un quartier sur les quinze cens quarante-trois mil neuf cens livres laissez pour le fond des quatre quartiers des rentes sur le sel,	386,000
Plus, un quartier sur les treize cens mil livres laissez pour les quatre quartiers des rentes sur le clergé,	325,000
A reporter.....	9,816,000 livres.

Report....	9,816,000 livres.
Plus, pour le retranchement d'un quartier des rentes sur les aides,	150,000
SOMME TOTALE du chapitre des retranchemens,	9,966,000
et il n'est fait estat en l'article d'iceux que de	7,625,000
Partant revient de bon, pour en gratifier ceux qu'il plaira au Roy,	2,341,000 livres.

Supliant vostre Majesté d'excuser ce qu'il y aura de defectueux ou trop obscur en cet estat.

Fait à Paris, ce 10 janvier 1610.

Ayant baillé cet estat au Roy, il prit ses lunettes qui estoient sur la table de vostre cabinet, et l'ayant leu tout du long, vous dit : « Lors « que j'eus veu l'estat des projets que vous me « baillastes il y a huit jours, je confesse que j'y « trouvay plusieurs choses fort vagues, et dont « l'execution me sembla fort difficile ; mais ayant « consideré cettui-cy, encore que je ne l'entende « pas du tout, si m'a-t'il tiré de plusieurs doutes, « et fait concevoir de plus certaines esperances, « voyant un si grand fonds de deniers, du recou- « vrement desquels vous me donnez asseurance, « ou pour le moins de la plus grande partie ; car, « pourveu que nous ne manquions point d'ar

« gent, je scay bien que je ne manqueray ny
« d'hommes, ny de courage, ny de diligence; le
« croyez-vous pas ainsi? — Ouy, Sire, dites-
« vous, je le crois, et encore choses plus grandes
« et vertueuses de vous, desquelles je vous par-
« leray une autre fois. Et afin que vous y ad-
« joustiez plus de foy, j'ay dressé encore un es-
« tat sommaire des parties dont est composé le
« premier article de vostre argent comptant. »
Lequel vous luy mistes lors entre les mains, et
l'ayant leu il le mit dans sa pochette, pour ce
qu'il estoit escrit et signé de vostre main, estant
tel que s'ensuit :

Estat de l'argent comptant.

Premierement, dans la Bastille dix-sept millions : cy   17,000,000 livres.

Plus, il a desja esté mis
à part dans la Bastille, suivant les lettres patentes du
Roy pour commencer les
despenses de la guerre,   7,000,000

Plus, M. Phelippeaux a
mis és mains de M. Puget en
trois fois des deniers reve-
nans bons de son année,   8,800,000

Plus, en une promesse
de Morant touchant les fi-
nanciers,   1,160,000

A reporter....   33,960,000 livres.

Report....	33,960,000 livres.
Plus, des deniers promis au Roy par messieurs du clergé,	700,000
Plus, des restes deus par le sieur de Castille,	700,0 0
Plus, de M. de Beaumarchais en un estat de reprises des années 1605, 1606, 1607 et 1608.	1,776,820
Plus, en un estat des deniers revenans bons, par la verification des estats des receveurs generaux et particuliers des années 1605, 1606, 1607 et 1608.	1,600,000
Plus, des deniers revenans bons des cruës et deniers affectez au payement des gages et droits des officiers des cours souveraines par toute la France, suivant l'estat qui en a esté verifié,	1,644,715
Plus, des pots de vin promis au Roy par le renouvellement des baux à ferme depuis trois ans, dix-huit cens mil livres dont Sa	
A reporter....	40,381,535 livres

Report....	40,381,535 livres.
Majesté m'a permis de prendre pour ses affaires,	1,500,000
Plus, des deniers revenans bons de l'estat des charges payables à l'espargne, quatre cens quatrevingt-unze mil six cens trente-sept livres huit sols neuf deniers,	491,637l.8s.9d.
Plus, au fonds laissé pour les garnisons ordinaires aux deux departemens,	71,736
Plus, du fonds laissé pour les gens de guerre en campagne, outre ce qu'il faut pour leur payement,	
Plus, des deniers laissez en fonds pour les descharges de la subvention,	48,720
Plus, de l'estat des gabelles de France, à cause du moins assigné sur le fonds d'icelles,	77,462
Plus, il revient des gabelles de Languedoc pour la mesme cause,	73,692 l. 10 s.
Plus, des fermes de Poictou et Maran et grosses	
A reporter.....	42,644,782.18s.9d.

Report....	42,644,782 l. 18 s. 9 d.
fermes revint pour mesme cause,	64,336
Plus, des huit escus à Ingrande pour la mesme cause,	78,742
Plus, de la patente de Languedoc dans un article pour M. de Ventadour et autres,	77,462
Plus du domaine de Calais en trois parties,	1,900
Plus, de diverses petites fermes,	76,000
Plus, des taxes faites sur les officiers du sel en Languedoc,	129,334
SOMME TOTALE	43,072,556 l. 18 s. 9 d.

Le roy ayant ainsi serré cet estat, il vous embrassa par trois fois, et s'en allant, vous dit : « Voilà deux estats qui m'ont grandement soulagé l'esprit, voyant le fonds de ma despense « asseuré. — Or, ne croyez pas, Sire, luy respondistes-vous, comme il sortoit de vostre cabinet, que ce soit là tout le fonds de ma science ; « car, en cas d'extreme necessité, je trouveray « des expediens pour en avoir encore autant, « vostre royaume estant si fertile et si opulent, « qu'il ne sçauroit estre épuisé, moyennant qu'il

« soit bien mesnagé, et que les deniers ne soient
« point dispersez, mais seulement employez à
« la guerre (1).

(1) XVII, 373, année 1610.

LIVRE IV

CHAPITRE PREMIER

Esprit d'économie.

§ 1. — Cherelles m'a fait dire que vous ne luy avez fait offrir que douze cens escus pour son voyage, au lieu de trois mil qu'il a verifiez avoir touchez pour celuy qu'il fit du temps du feu Roy, et qu'il luy est impossible de se deffrayer pour ladite somme de douze cens escus : au moyen dequoy je veux que vous luy en donniez jusques à deux mil et que vous les luy fassiez delivrer incontinent, afin qu'il ne retarde davantage son partement, car c'est chose que j'ai fort à cœur.

Escrit à Espernay, le deuxiesme jour de mars 1603.

HENRY, et plus bas DE NEUF-VILLE.

J'ai fait écrire à Cherelles qu'il se contente des quinze cens escus que vous luy avez fait offrir pour son voyage, comme je m'asseure qu'il fera, et ne doute pas que vous ne vous trouviez bien empesché à faire fournir tant d'argent comptant, comme il vous est ordonné, pour les raisons que vous m'avez escrites; aussi j'en prise davantage le bon devoir que vous y faites (1).

Lettre de M. de Rosny à la Reine.

MADAME,

§ 2. — J'ay esté adverty par madame Conchine (que j'ai tousjours trouvée le mieux intentionnée et la plus raisonnable de tous ceux qui vous approchent) que l'on essaye de vous persuader que je ne rends pas à vos lettres toute la deference que je devrois; ce qui pourroit estre vray, selon l'opinion des particuliers interessez, procedant à l'endroit de vostre Majesté comme je fais envers le Roy; tellement que quand il vous plaist m'honorer de lettres de vostre main propre, j'y satisfaits aussi-tost, si je n'y reconnois un trop grand préjudice au service du Roy, ou oppression au peuple. Si je reçois des lettres de vostre main, je sçay bien discerner ce qu'il a de meslé de l'interest des particuliers. Que si ce sont lettres de secrétaires (lesquelles la pluspart du temps sont escrites de la main des solliciteurs et partisans), à la vérité, je les renvoye au conseil, afin que le refus n'en soit pas im-

(1) XVI, 414, année 1603.

puté à moy seul; ce que je m'asseure que vostre prudence aura bien agréable, comme elle doit avoir les conseils que je lui donne sur les autres choses qu'elle sçait bien, et qui lui delivreront l'esprit de beaucoup de mauvaises rencontres, puis qu'en effet je suis, madame, vostre tres-humble, tres-obeyssant et fidele sujet et serviteur.

MAXIMILIAN DE BETHUNE.

Lettre de la Reine à M. de Rosny.

Mon cousin, j'avois tousjours esperé que vos promesses seroient en fin executées, touchant ce que vous sçavez qui me tient le plus au cœur. Il me semble que j'ay fait tout ce que vous m'aviez dit qui estoit necessaire pour y parvenir, ce qui ne m'ayant pas beaucoup profité, je dois croire que vous n'y avez pas vous mesme fait tout ce que vous m'aviez asseuré, ou que les causes de mes plaintes ne cesseront jamais, et partant que ce n'est que s'abuser de l'esperer. Je ne laisseray pas neantmoins de faire mon devoir, comme j'y suis obligée, et, sans vous vouloir mal de tout ce qui se passe, je vous demeureray telle que j'ay tousjours esté. Priant Dieu, mon cousin, qu'il vous ait en sa garde (1).

Escrit à Fontaine-bleau, ce 20 d'avril 1604.

MARIE.

(1) XVI, 611, 1604.

CHAPITRE II

Travail personnel.

§ 1. — « Étant impossible d'en (des deniers levés sur les sujets du roi) rien supputer avec certitude (1). »

Lettre de M. de Ville-roy à M. de Rosny.

§ 2. — Monsieur, il faut que vous ayez tous les jours, voire à toutes heures de nos lettres, puis que vous vous estes chargé de tout (2).

§ 3. — J'ay veu les deux procez que vous avez contre la maison de Nevers, à cause des successions de la maison de Foix et d'Albret, où les prétentions sont telles de part et d'autre, qu'elles ne montent point moins que de deux millions, si chascun obtenoit exactement ce qu'il a demandé ; mais il y aura bien de la moderation à mon advis. J'en ay fait mes extraits sur les pièces que l'on m'a baillées, et croy les avoir faits si clairs et si succincts, que par iceux vous entendrez aussi bien les difficultez des procez, que le plus fa-

(1) XVI, 291.
(2) XVI, 413, année 1603.

meux advocat du parlement. Avant que de
poursuivre cette affaire plus avant, je seray bien
aise de vous faire voir le tout; et m'estonne
que ceux qui ont manié ces affaires cy-devant,
ayent usé de telle negligence à s'en esclaircir,
y ayant soixante ans et plus que ces procez et
contentions ont eu cours. Attendant l'honneur
de vos commandements, je prieray le Createur, etc.

§ 3 *bis*. — Vous atiltrastes six marchands, lesquels assemblerent tous les roulliers et voituriers,
par eau et par terre, qui estoient à trente lieuës
de Paris, lesquels firent marché avec eux de voiturer trois millions trois cens milliers pezants
de marchandise, à tant le cent, à la charge de
le rendre dans quinze jours à Lyon, du jour de
la livraison. Quand ils furent bien obligez par
devant notaires, vous leur fistes delivrer vingt
canons, six mil boulets, six vingts milliers de
poudre, et toutes autres sortes d'outils et ustancilles d'artillerie, jusqu'à concurrence du poids.
Tous lesquels voituriers se vouloient desdire,
contestans que ce n'étoit point de la marchandise; mais enfin, ayant desja la pluspart assemblé leurs chevaux et batteaux, leurs charrettes,
cordages et lievres, et les ayant menacez qu'aus-
si-bien vous saisiriez-vous de tout cela, ils entre-
tindrent leur marché, et vous rendirent dans
seize jours le tout à Lyon. Que s'il l'eust fallu
mener avec chevaux d'achapt ou de solde roul-

liere, comme l'on avoit accoustumé et vouloit-on
que vous le fissiez, vous n'en fussiez pas venu
à bout, sans une excessive despense et un
temps de deux ou trois mois (1).

Lettre de la main du Roy à M. de Rosny.

§ 4. — Je vous prie de faire en sorte que l'on tra-
vaille fort en mon conseil par delà, afin qu'à mon
arrivée je trouve force besongne faite. Si j'eusse
esté par vous instruit de ce j'avois à dire à ceux
de ma chambre des comptes, je l'eusse fait
puis que je demeure icy. C'est pourquoy vous
leur ferez faire une depesche à ce qu'ils me
viennent trouver à Fontaine-bleau jeudy ou
vendredy, afin que je parle à eux. Bon soir,
mon amy (2).

Ce lundy 17 may, entre unze heures et minuict,
à Paris.   HENRY.

§ 5. — Pendant tous ces emplois, vous ne laissastes
pas, selon vostre coustume, de vacquer tousjours
à diverses sortes de recherches, dans les registres du conseil d'estat, des parlements, chambre
des comptes, cour des aydes, anciens secretaires
d'estat (car quant à ceux qui estoient en charge,
vous ne pustes jamais rien tirer d'eux), bureaux
des thresoriers en France, thresoriers de l'espargne et chambre du tresor, et dans les tomes
des ordonnances, desquels vous faisiez des ex-

(1) XVI, 331.
(2) XVI, 390, année 1602.

traits et dressiez des instructions et memoires
touchant les affaires d'estat et sur tout des
finances, afin de pouvoir establir en l'administration d'icelles de tels ordres et reglements,
comme la suitte de ces Memoires fera voir que
vous n'y aviez pas manqué, que les revenus de
France pussent estre mis à leur juste valeur, les
deniers royaux si bien mesnagez, et iceux si
bien dispensez, qu'il ne s'en fist aucun diver-
tissement, et par ce moyen tous les assignez
fussent entierement payez. En quoy vous tra-
vaillastes avec tant de soin, diligence et assi-
duité, aussi bien la nuict que le jour, sans vous
donner quasi loisir de prendre ny repos ny re-
pas, que nous, qui estions à vostre suitte et
service, et tous autres qui entendoient parler
d'un tel labeur, demeuroient esmerveillez des
peines et fatigues de corps et d'esprit que vous
preniez si continuellement, et que les plus authorisez dans le conseil du Roy, voyant bien
que telles procedures, proportionnées à son humeur active et laborieuse, desquelles il n'estoit
pas ignorant, vous confirmeroient en une si
haute creance et confidence dans son esprit,
qu'enfin vous deviendriez absolu dans cette
charge, se reprochoient les uns aux autres (ainsi
que M. de Maisses, qui estoit vostre intime amy,
vous asseura leur en avoir entendu parler de la
sorte) la trop foible resistance et opposition dont
ils avoient usé à l'entremise aux affaires d'un
esprit ambitieux, actif, entreprenant et indus-

trieux, tel qu'ils recognoissoient bien avoir tousjours esté le vostre, lequel, pour ne démentir
leur opinion, voulut aussi travailler avec le
controolleur general, les intendans des finances,
les thresoriers de l'espargne, les thresoriers de
France et les recèveurs generaux, à la confection
tant de l'estat general des finances que des particuliers, és generalitez pour l'année 1597 lors
courante. Mais quoy que vous maniassiez vous
mesme quasi toujours la plume et le jetton, si
ne pustes vous si bien faire (comme nous vous
avons oüy dire que vous le reconneustes depuis,
et y donnastes bon ordre en Bretagne au second
estat de l'année 1598) qu'ils ne vous en fissent
passer quinze pour douze, s'estans tous accordez
à se reserver une bonne somme dont ils pussent
disposer sans vous, ny empescher qu'il ne se
trouvast encor prés de deux millions de livres
de faute de fonds dans l'Estat, ce qui vous es-
tonna un peu du commencement, car c'estoit le
premier estat des finances où vous eussiez mis
la main à bon escient. Voyant plusieurs parties
des despences fort considerables qui demeuroient sans assignation, vous vous opiniastrâtes
à ne vouloir plus souffrir (comme c'estoit leur
bonne coustume, afin de laisser la liberté aux
tresoriers de l'espargne et receveurs generaux
de preferer celles que bon leur sembleroit) que
l'on chargeast une recepte de plus grandes despences que le fonds d'icelle, tellement que pour
remedier à tout cela, vous retirastes des mains

du duc de Florence, sous le nom de Gondy et de
Zamet, Senamy, le Grand, Parent et autres anciens partisans, les parties casuelles, gabelles,
cinq grosses fermes et peages des rivières qu'ils
tenoient à vil prix, par l'intelligence d'aucuns du
conseil, lesquels y avoient part, et en augmen-
tastes le prix de plus de vos deux millions de
faute de fonds ; ce que ceux du conseil essaye-
rent bien d'empescher, mais vous y fistes in-
tervenir le Roy, lequel, par vous adverty d'un
tant evident profit, y apporta son authorité
toute entiere et s'en voulut faire croire (1).

§ 6. — Ayant donc ainsi de vostre propre
main, en particulier, dans vostre cabinet (sans
aucune ayde que de l'un des clercs de vos secretaires, qui escrivoit, chiffroit et calculoit des
mieux), dressé et mis au net tous ces estats et
reglemens avant que de les monstrer au Roy,
vous les voulustes porter au conseil, auquel lec-
ture en ayant esté faite avec une attention et
fort particulier examen de toutes les parties d'i-
ceux par le plus entendus, et sur la suffisance
et authorité desquels tous les autres avoient accoustumé de se rapporter entierement, ils se
retindrent d'en dire autre chose (quelques des-
pit qu'ils eussent en eux mesmes de voir que
vous entrepreniez ainsi de travailler seul sans
communications d'aucuns d'eux, et néantmoins

(1) XVI, 244, année 1596.

si bien qu'ils y trouverent plutost dequoy ad-
mirer que sujet d'y rien corriger), sinon que
c'estoit grandement bien travaillé à vous, d'avoir
ainsi tant escrit de vostre main, et que vos secretaires vous en demeuroient infiniement obligez; et combien qu'ils eussent dit tout cela en
souriant et par forme de gausserie, si ne se peu-
rent-ils empescher de dire les uns aux autres,
lors que vous en fustes allé du conseil, comme
messieurs de Maisses et le secrétaire Fayet, qui
vous estoient fort affidez, vous le firent savoir,
que si en toutes les affaires qui auroient a passer par vos mains, vous les examiniez tousjours
tant soigneusement, et les alliez ainsi rechercher dès leurs principes et origines, il ne serait
plus besoin d'y repasser après vous, ny mesme
vous en pouvoir cacher ny deguiser aucunes
particularitez, tant petites puissent elles être.
Tellement qu'en suitte de tout cela, ayant deux
jours après fait voir et lire ces estats au Roy en
leur présence, et Sa Majesté leur ayant demandé
s'ils étaient bien dressés, s'ils n'y trouvoient rien
à redire, et si vous n'estiez pas l'un des plus
assidus et laborieux aux affaires qu'ils eussent
cogneus et les ayant pressez par plusieurs fois de
respondre, ils ne se peurent garantir de dire
qu'à la vérité ces estats et réglements estoient
fort bien dressez, et que pour un homme qui
n'avait jamais quasi fait autre profession que
celle des armes, ils n'en avaient point eu qui
écrivissent tant de leur main, ny qui se peus-

sent ainsi soudainement réduire a une vie si fort
sédentaire (1).

§ 7. — Or, nous continuerons nos discours, et
commencerons ceux pour l'année 1599, par les
choses que nous avons veuës et cogneuës, qui
regardoient les commandemens et instructions
du Roy sur l'administration de vostre charge des
finances, en laquelle vostre authorité alloit crois-
sant à mesme proportion que vous y preniez davantage d'intelligence, par le moyen des sages
instructions que vous receviez du Roy, et que
vous vous rendiez loyal et soigneux à bien executer ce qu'il vous ordonnoit, et dont le plus
souvent il vous envoyoit des mémoires de sa
main propre; et cela ferons nous avec des admi-
rations du soin incroyable, merveilleuse industrie, travaux extrèmes et nompareille diligence,
dont, suivant les particuliers commandemens
du Roy, vous usastes en la confection de l'estat
general des finances pour l'année lors courante,
sans craindre qu'il nous puisse estre reproché
que nous ayons parlé par excez de zele à vostre
service, ou par flatterie et adulation, en magni-
fiant si hautement tant de sortes d'exactes recherches desquelles vous usastes, afin d'éviter
qu'il ne se fit plus doresnavant, en semblables
estats, aucune obmission d'aucunes natures de
deniers royaux et publics, tant petits, esloignez

(1) XVI, 538, année 1597

et cachez pussent-ils estre, de tous les mesnagemens que vous fistes pratiquer, afin de les mettre en leur juste valeur, et de tous les ordres et
reglemens que vous establistes pour rendre les
distributions de deniers conformes aux destina-
tions, tant pour ceux qui s'acquittent prés du
Roy et de son sceu, que pour ceux que l'on employe en suppositions de non valeurs, reprises
d'estats, reparations domainialles, remises et
dons de droits casuels, droits, taxations et attributions d'officiers, payemens de rentes et debtes imaginaires, frais de ports et voictures de
deniers, espices, façon et reddition de comptes,
en toutes lesquelles choses et plusieurs autres
semblables il se commet de grands larcins et brigandages, si l'on n'y prend garde fort soigneusement; vous affermissant sur toutes choses à
faire suivre absolument, tant les estats generaux
et particuliers que vous aviez diligemment dressez pour les receptes particulieres et generales,
et pour l'espargne, que deux certains estats de
distribution de recepte sur la despence, et de
despence sur la recepte, dont les comptables
n'avoient encore jamais esté déjeunez, non plus
que de faire faire recepte entiere et reprise aux
thresoriers de l'espargne, et leur ostant tous recouvremens et payemens de deniers si tost que
vous aviez verifié leurs estats de l'année de leur
exercice, en baillant les recouvremens d'iceux à
faire à leurs compagnons entrans en charge, et
assignant, sur ces reprises, tous les officiers,

lesquels, par paresse, malice ou insuffisance, pouvoient avoir esté cause ou avoient pû empescher telles non valeurs ; faisant observer tous ordres tant exactement, que nuls comptables, ny mesme la chambre des comptes avec leurs beaux chapitres de remplages de deniers, payables par ordonnance de la chambre, de surhaussement d'espices et de multiplications de comptes, selon la diversité des comptables ou natures de deniers, ne se pouvoient plus reserver aucuns fonds, reculer les payemens des uns pour preferer ceux des autres, ny favoriser en aucune façon les parens et amis du cœur comme ils nommoient ceux qui estoient les plus amiables compositeurs ; bref vous donnastes par tels ordres, expediens et moyens, et autres trop longs à reciter, un tel establissement en l'administration des finances, que les gens de bien et de solide jugement en conceurent une esperance presque certaine de voir la France bien-tost remise en sa splendeur désirée ; tellement, qu'à nostre advis, il nous a esté loisible de parler avec admiration de vos labeurs, sans apprehension, comme nous l'avons desja dit, d'estre accusez de trop grande et ennuyeuse cajolerie, puis que la force de la verité nous y contraint, et que, quand nous nous en tairions par une ingratte oubliance, les effets et les heureux succez des choses nous le reprocheroient aussi, et que c'est la voix du Roy et celle universelle des peuples qui nous met ces paroles en la bouche, faisant encore en cela tout le contraire de l'echo, laquelle, pour un mot que l'on dit, en prononce plusieurs, où nous d'une grande quantité de loüanges que le Roy et les gens de bien et bons François vous donnoient, nous ne vous en attribuons que la moindre partie (1).

§ 8. — Or, reprenant le fil de nos discours, et usant de notre stile accoustumé, nous commencerons cette année 1605 par le récit de vos procedures accoustumées pour le general, vostre maniere ordinaire et journaliere de vie, et par les ordres que vous teniez en la partition, distribution et conduite, tant des affaires generales de l'Estat, que de celles qui dependoient particulièrement des charges dont le Roy vous avoit honoré; la principale desquelles estoit celle d'avoir esté choisi pour son particulier confident, d'autant qu'elle vous rendoit participant de tous ses secrets, et plus interieures pensées et desseins, jusques à vous descouvrir ses maladies cachées, ses plaisirs et desplaisirs domestiques, ses esperances, ses craintes, ses amours, ses amitiez et ses inimitiez plus couvertes; y ayant eu peu de personnes en France, ny dehors, desquelles soit en s'en loüant, ou en s'en plaignant, en les estimant, ou mesestimant, desquelles il ne vous ait escrit ou parlé en toute confidence et liberté, ce qui seroit facile à justifier, si vous en vouliez communiquer les lettres : estant à noter sur vostre forme de con-

duite, que pour ce qui regardoit les commandemens que vous receviez du Roy, pour l'aller
trouver, ou pour luy parler des affaires pressées,
qui le requeroient ainsi, ou recevoir des lettres
de sa main, et y rendre responce de la vostre,
ces operations n'avoient ny mois, ny sepmaines,
ny jours, ny heures reglées ny certaines, mais
estoient promptement executées aussi bien la
nuict que le jour, et remettiez pour icelles toutes
autres affaires ordinaires à une autre fois, pour
le desmeslement et administration desquelles
voicy comme vous en usiez.

Premierement, ainsi que vous le sçavez mieux
que nous, il se tenoit le mardy, le jeudy et le samedy, deux fois le jour, conseil d'Estat et des
finances, ausquels vous ne manquiez jamais de
vous trouver, et porter toutes les lettres et dé-
pesches qui meritoient d'estre consultées, et d'y
prendre prompte resolution ; voire le plus souvent vous joigniez à icelles les arrests tout dressez, et les responces que vous y faisiez, auxquels-
les peu souvent estoit-il changé quelque chose :
aussi estiez-vous toujours dès les quatre heures
du matin, soit esté, soit hyver, dans vostre cabinet à y travailler, afin de nettoyer tous les
jours le tapis, vous ayant oüy souvent dire que
qui en use autrement laissera beaucoup d'affaires
indecises, sera cause de grandes crieries et confusions, et par consequent se rendra incapable
de bien exercer tant de charges que vous en aviez.
A six heures et demie vous estiez tout habillé ; à

sept, vous vous en alliez au conseil, auquel, selon la quantité ou importance des affaires, vous
demeuriez jusques à dix, et quelquesfois unze
heures. Le roy vous envoyait quelquesfois querir dés les neuf à dix heures, lequel se promenant
avec vous, tantost seul, tantost conjoinctement
avec messieurs de Ville-roy et de Sillery, et discourant de ses affaires principales, vous faisoit
entendre ses resolutions, et donnoit à chacun,
selon vos professions et vos charges, ses commandemens pour ce que vous aviez à executer en
icelles. Au partir de là, vous alliez disner, vostre
table estant de dix serviettes seulement, où estoient tousjours vostre femme, enfans et suitte,
fort frugalement servie; aussi n'y conviez vous
gueres de gens de grande qualité, mais sur tout
de ces friands et beuveurs d'autant, pour lesquels vous n'augmentiez jamais rien aux services
d'icelle, disant ces paroles d'un ancien (lors que
l'on vous sollicitoit d'y adjouster quelque chose):
*S'ils sont sages, il y en a suffisamment pour eux;
s'ils sont fous, je les traite ainsi afin qu'ils n'y
viennent pas deux fois.* Apres disner vous entriez
en vostre grande salle, que vous trouviez toute
pleine de monde, afin de donner audiance à
chacun, et toujours commenciez par les ecclesiastiques, tant d'une que d'autre religion, et en
suite par les gens de village et autres simples
personnes qui apprehendoient de vous appro-
cher; et ne partiez jamais de-là que vous n'eussiez fait responces à tous : lesquelles estoient

fort succintes, dautant qu'à ceux qui demandoient choses justes, raisonnables et faciles, vous
leur disiez promptement : « Monsieur, c'est as-
« sez, j'entends bien vostre affaire ; elle est bonne,
« et vous en promets l'execution. » Et aussi-tost
en appeliez un autre, auquel si son affaire estoit
difficile et de long examen et discution, vous la
luy disiez estre telle, et que pour vous la faire
bien comprendre, il baillast tous ses papiers à
un des intendans ou de vos secrétaires que vous
luy nommiez, afin d'examiner ses demandes,
ses raisons et ses papiers, pour vous en esclaircir, l'asseurant que son affaire seroit responduë
dans la sepmaine, et bien difficile si vous n'es-
sayez à luy donner quelque contentement. Que
si l'on vous parloit d'affaires manifestement injustes ou impossibles, sans porter grand prejudice à celles du Roy ou du public, ou faire tort
aux particuliers, vous luy teniez ce langage : « Mon-
« sieur, je suis bien marry que vostre affaire n'est
« meilleure et plus facile ; car vous estes personne
« de merite et service : et partant ne vous amusez
« plus à la poursuite de choses injustes et impos-
« sibles ; mais demandez quelque autre chose, et
« je vous promets mon aide et mon assistance. »
Quant aux jours du lundy, mercredy et vendredy, vous en affectiez les matinées pour travailler aux affaires qui dépendoient de vos charges de grand maistre de l'artillerie, gouverneur
de Poictou, la Bastille, Mante et Jargeau, grand-
voyer de France et super-intendant des fortifica-

tions et bastimens ; aux resolutions d'Estats desquelles deux dernières charges le Roy ne manquoit pas de se trouver, et d'y appeler les gouverneurs des places et les officiers ordinaires, en la présence desquels ayant tout arresté, il vous disoit tousjours : « Or bien, voilà mes fortifica-« tions et bastimens resolus ; et vous, que faites « vous en vos maisons? » A quoy luy respondant que vous n'y faisiez rien, faute d'argent, il repartoit, disant : « Or sus, voyons vos plans, et ce que « vous y voudriez faire, si vous aviez de l'argent. » Lesquels ayans considerez, il vous donnoit ordinairement vingt mil livres, à la charge de les employer où il avoit advisé.

Les apres-dinées de ces trois jours là, vous les employez, si le Roy ne vous envoyoit point querir, ou ne vous commandoit rien d'extraordinaire, à donner des audiances, ou à vos affaires particulieres qui ne se pouvoient faire sans vostre intervention (car pour les autres vous en remettiez le soin et la conduite à madame vostre femme ou à vos gens), ou à passer vostre temps à voir faire les exercices à messieurs vos enfans, gendre, parens et amis particuliers, afin de vous delasser l'esprit ; car l'Arsenac n'estoit jamais sans fanfares, réjouyssances, bonnes compagnies, et vertueux passe-temps (1).

(1) XVI, 640, année 1605.

TABLEAU

Années.	Recettes centralisées par le roi.		Dépenses acquittées par le roi.	
	Revenus ordinaires revenants bons en l'épargne (1).	Revenus extra-ordinaires (2).	Dépenses ordinaires.	Dépenses extra-ordinaires (3).
1600............	16 208.823	4.330 994	13,675,155	7 007.685
1601...........	15,115,467	1.103,059	12.343.117	3 940,935
1602...........	15.994,526	3.370,903	12.283.124	7.088,426
1603...........	17.474.821	3.550,519	11.896,818	9 141.520
1604...........	16.076,473	4.897,987	19,149,415	11.331.207
1605...........	18.980,425	7.892,643	13,259,329	13,614,436
1606....	17.790,671	8.587,688	14.372,775	13.960,894
1607...	19,185,587	10,656,470	14,374,995	15.351,230
1608...........	20,721,631	12,065,665	14,489,416	18 383,208
1609.	19.376 574	13.080.864	14,176,453	18.396.956

(1) Les deniers revenants bons en l'épargne, je le rappelle, ne comprenaient pas toutes les recettes V, p. xxii). Il faut y joindre pour avoir le total des revenus ordinaires, les sommes (qui ne figuraient pas au budget) laissées aux comptables pour l'acquittement des charges locales, dites « charges par prélèvements » et qui se montaient en 1596 à 16 millions, en 1607 à 13 millions et en 1609 à millions. Ces deniers revenants bons en l'épargne provenaient en 1609 des : termes pour 6.138.391 ; recettes générales des pays d'élections 9.044,643 ; recettes générales des pays d'États : 1,247,518 ; illon 400.000 ; bois 282,271 ; parties casuelles 2,263.751.

(2) Les revenus extraordinaires qui provenaient d'autres sources que les impôts : produits du omaine, transactions avec les financiers, etc. (V. p. xx) ne figuraient pas au budget, non plus que s dépenses extraordinaires (V. p. xxv).

(3) Les dépenses extraordinaires consistaient en remboursements, intérêts d'avance, etc.

BIBLIOGRAPHIE

Note.—Il existe de nombreux mémoires du temps et plusieurs ouvrages historiques modernes ou contemporains, où il est parlé de Sully. Nous en avons cité seulement quelques-uns plus spécialement intéressants. La même remarque s'applique à presque toutes les parties de cette bibliographie.

I

HISTOIRE. — DOCUMENTS GÉNÉRAUX.

GROULART (le conseiller), *Mémoires*, dans la collection Michaud et Poujoulat, t. XI.

DE L'ESTOILE (Pierre), *Mémoires-Journaux*, collections Petitot, Michaud et Poujoulat; et Jouaust, 12 vol., 1885.

LEGRAIN, *Décade contenant la vie de Henri le Grand.* Paris, 1614, in-8°.

MARBAULT, *Remarques sur les mémoires de Sully*, dans le tome XVII de la collection Michaut et Poujoulat.

MONTEIL, *Histoire des Français de divers états aux cinq derniers siècles*, 1828-1844, 10 vol. in-8°.

Poirson, *Histoire du règne de Henri IV*, 4 vol. in-8°, 2ᵉ édit. Paris, Didier, 1865.

B. Zeller, *Henri IV et Marie de Médicis*, 1 vol. in-8°. Paris, Didier.

— *Mémoire annoncé*. V. ci-dessous Dussieux, p. 316.

II

ÉTUDES HISTORIQUES ET BIOGRAPHIQUES SUR SULLY.

Bouset de Cressé, *Sully*. Paris, A. Rigaud, 1878.

Cazaux (L. F. G. de), *La science économique*, d'après Sully et les anciens. Paris, 1834, in-8°, Bouchard-Huzard.

Pierre Clément. *Portraits historiques*, 1 vol. in-8°, Paris, Didier, 1855.

Collé, *La partie de chasse du roi Henri*.

Dussieux (L.), *Étude biographique sur Sully*, XL, 368 pages, in-8°, 1887. Paris, V. Lecoffre.

Gourdault, *Sully et son temps*, in-8°, 1878.

Lavisse, *Sully et ses mémoires*. Revue des cours littéraires, 6ᵉ année, 1868-1869, 403.

— *Sully*, 1 vol. in-18, 191 pages, Hachette, 1884.

Loiseleur, *Problèmes historiques*, 1867, in-12; *Ravaillac et ses complices*, in-12, 1873.

— *Monographie du château de Sully*. Orléans, Herluison, 1868.

Moréri, Dictionnaire, V. *Généalogie de Sully*.

F. Perrens, *Éloge historique de Sully*, 1871, Didot, Paris.

Sully, *Éloge historique de Maximilien de Béthune*,

duc de Sully (Académie française, Lyon, Benoît-Duplain, 1763.

SAINTE-BEUVE, *Causeries du lundi*, VIII, 134-194.

THOMAS, *Éloge de Sully*. Paris, 1763.

III

LES ÉCONOMIES ROYALES.

(*Éditions des —* ; *études sur —*).

— *Économies royales*, dans la *Nouvelle collection des mémoires relatifs à l'histoire de France, depuis le* XIIIe *jusqu'au* XVIIIe *siècle*, par MM. Michaud et Poujoulat, t. XVI et XVII. Paris, Féchoz, 5, rue des Saints-Pères, Paris.

SULLY, *Mémoires*, édition Petitot, 8 vol. in-8°.

Mémoires de Sully, par l'abbé de l'Écluse.

JUNG (Eugène), *Henri IV écrivain*, 1 vol. in-8°, Paris, 1855.

PERRENS, *Mémoire critique sur l'auteur et la composition des Économies royales*. Comptes rendus de l'Académie des sciences morales et politiques, 1871, 1er semestre, 5e série, XXV, 118 et 545.

QUESNAY, *Extrait des Économies royales de M. de Sully*, 1758 (maison du roi).

IV

LES FINANCES.

BAILLY, *Histoire financière de la France*. Paris, 2 vol. in-8°, 1832.

FROMENTEAU (Barnaud), *Le secret des finances de la France*, 1581, 3 vol. in-8°.

DE PASTORET, *Mémoires relatifs à l'histoire financière de la France* (en tête des tomes XV, XVI, XVII, XVIII et XIX du Recueil des ordonnances des rois de France de la troisième race).

Inventaire des arrêts du Conseil d'État (règne de Henri IV), 1 vol. in-fol., 1886 (collection des Inventaires et Documents publiés par la direction des Archives nationales).

Dans le courant de l'année 1887, les Archives nationales ont fait paraître le premier volume du répertoire des *Arrêts du conseil d'État sous Henri IV*, dressé par M. Noël Valois; le deuxième volume a été immédiatement entrepris : 26 feuilles en sont prêtes.

VÉRON DE FORBONNAIS, *Recherches et considérations sur les finances de France.*

WOLOWSKI, *Henri IV économiste*, séance des cinq Académies, 15 août 1855.

V

L'AGRICULTURE.

MAROLLES (abbé de), *Mémoires*. Amsterdam, 1755. 3 vol. in-12. V. dans Sainte-Beuve, *Lundis*, XIII, un curieux passage sur l'état prospère de l'agriculture en 1609.

OLIVIER DE SERRES, *Le théâtre d'agriculture et mariage des champs*, 2 vol. in-4°, 1804.

VASCHALDE, *Olivier de Serres*. Paris, 1886, in-8°.

VI

INDUSTRIE ET COMMERCE.

BERNARD (Charles), *La conjonction des mers*, in-4°, Paris, 1613.

DE CHAMPLAIN, *Les voyages de la nouvelle France occidentale*, 1604. Paris.

FAGNIEZ, *L'industrie en France sous Henri IV; Le commerce en France sous Henri IV*. Revue historique, t. XVI et XXIII.

GASPARIN (A. DE), *Mûriers et vers à soie*.

LAFFÉMAS (Barthélemy), *Règlement général pour dresser les manufactures en ce royaume*. Paris, 1597, Cl. de Monstrœil, V. collection Cimber et Danjou.

LAFFÉMAS (Isaac), *Histoire du commerce de France*. Paris, 1606, nouvelle édition dans les Archives Curieuses, t. XIV.

LESCARBOT (Marc), *Histoire de la Nouvelle France*. Paris, 1609, Jean Milot.

SÉGUR DUPEYRON, *Histoire des négociations commerciales de la France aux XVIIe et XVIIIe siècles*. Paris, 1863, 2 vol. in-8°.

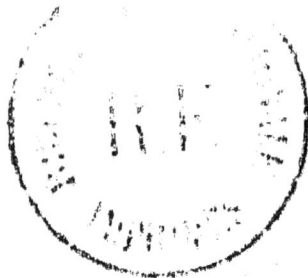

TABLE DES MATIÈRES

FIN DE LA TABLE DES MATIÈRES.

1858-88. — Corbeil, Imprimerie Crété.

BIBLIOTHEQUE NATIONALE

SERVICE DES NOUVEAUX SUPPORTS

58, rue de Richelieu, 75084 PARIS CEDEX 02 Téléphone 266 62 62

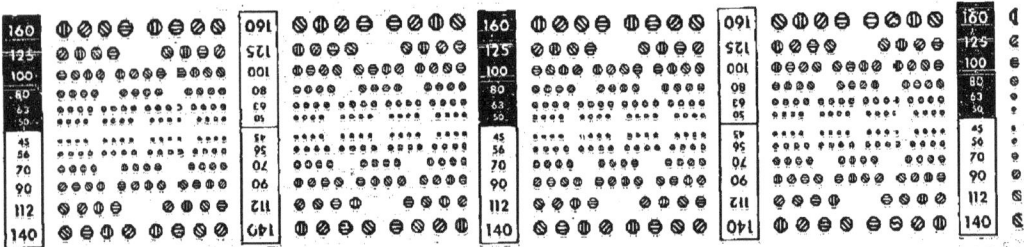

Achevé de micrographier le :   14 / 06 / 1977

Défauts constatés sur le document original

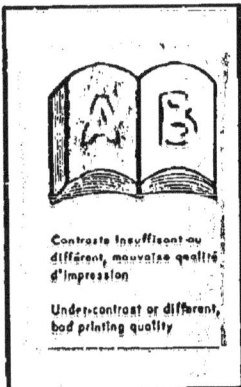

Contraste insuffisant ou
différent, mauvaise qualité
d'impression

Under-contrast or different,
bad printing quality

www.ingramcontent.com/pod-product-compliance
Lightning Source LLC
Chambersburg PA
CBHW070255200326
41518CB00010B/1793